JN104535

議 会 政 治

N・W・ポルスビー「立法府」
K・R・ポパー「民主制について」収録

第4版

加藤秀治郎・水戸克典 編

慈 学 社

"LEGISLATURES" by NELSON W. POLSBY
Copyright © Nelson W. Polsby
Japanese translation rights arranged with Linda Polsby
through Japan UNI Agency, Inc., Tokyo.

POPPER on DEMOCRACY
the Open Society and Its Enemies Revisited
Copyright © The Economist Newspaper Limited, London 1988.
Permission arranged through Japan UNI Agency, Inc., Tokyo

まえがき

　本書は、議会政治について考えようという一般読者のための書物の第4版である。概説的な解説、重要論文の邦訳、重点的事項についての詳しい解説から構成されている。幸いにも第3版が売りきれ、増刷の機会をえたので、増補改訂を行ない、第4版とした。

　議会政治について私が関心を持ち始めたのは、2000年前後からで、両院関係はこれでいいのかという疑問が直接の契機であった。少し勉強してみると、ある感慨を禁じえなかった。その問題の重要性に比して、わが国の議会研究の文献が少なく、また研究も遅れているのではないかという印象がそれである。少なくとも議会改革を考える際の知的共有財産があまりにも少ないということである。

　いろいろな機会に国会改革について話をしてきたが、不十分ながら政治学者の間では共有知識となりはじめた「アリーナ型議会」といった概念も、憲法学者、議会・マスコミ関係者にはほとんど知られていなかった。それ自体が衝撃的であったが、これは軽視するわけにいかないと思った。

　単に衒学的（ペダンチック）な趣味のことなら、学者の好みにすぎないが、ことはそれで済まない問題である。「アリーナ型議会」の概念を知らないまま、立法府たる議会の改革を考えるとなれば、容易にアメリカのような「変換型議会」（立法作業の議会）がモデルとされ、その方向で議論がなされるからである。しかも、アメリカ型議会に要するコストの高さがほとんど知られておらず、議員削減と一緒に立法機能の強化などという矛盾する主張がなされているという具合である。

　そんな想いから、私の周辺で議会研究に従事していた水戸克典教授に、早く啓蒙書を執筆するよう勧めてきた。その成果が本書の第一部

である。基本的なことを、よく分かるように解説してもらった。

　また、これまで私は、経験からして、わが国の知的社会にインパクトを加えるには、解説だけでは不十分で、重要な論文の邦訳が有効であると感じてきた。そこで第二部に、決定版ともいうべきポルスビーの論文を和田修一教授の協力を得て訳出して収めた。当の「アリーナ型議会」「変換型議会」の類型を提唱したオリジナル論文であり、これをじっくり読んでもらえば、わが国での議論も大きく変わっていくことと思う。また、選挙制度についての、あまりにも素朴な議論が多いので、第3版をまとめるに際し、ポパーの論文を第二部に加えた。比例代表制の問題点を指摘し、小選挙区制を擁護する論文であり、賛否はともかく文字通り必読の文献である。

　第三部では、サルトーリの選挙制度の作用に関する見解を紹介する解説も加えた。邦訳（現在は絶版）もあるが、理解は容易でないので、解説として収録した。また第4版でサルトーリの両院制についての議論を加えた。

　編者ながら、翻訳の協力をしただけのような私が「まえがき」を書くのも奇妙だが、助産婦役として関与した者として、経緯や意図を述べた。最後に、読者に次のことを御願いしておきたい。本書の不十分な点については、私より若い水戸教授が今後も改訂していってくれると思うので、取り上げるべき項目や、翻訳してほしい論文など、注文を編集部にお寄せいただきたいと思っている。

2024年1月

編者を代表して　　加藤秀治郎

議会政治 第4版　も く じ

まえがき

第Ⅰ部　議会政治概説 …………………… 水戸克典　9

第1章　議会政治の基礎概念　10

1-1　政治システムと立法活動　10

1-2　権力分立と議会　13

1-3　身分制議会と近代議会　15

1-4　議会政治の諸原則　17

1-5　多数決原理　19

1-6　議会の類型　21

1-7　議会の機能　24

1-8　一院制と両院制　26

1-9　政党の発生とその機能　29

1-10　政党と会派　31

1-11　拒否点と拒否権プレーヤー　34

1-12　選挙制度と議会　38

1-13　アメリカの議会　40

1-14　イギリスの議会　42

第2章　日本の議会政治　44

2-1　議院内閣制と国会　44

2-2　帝国議会と戦後の国会　46

2-3　議会の類型と国会　48

2-4　内閣提出法案と議員提出法案　50

2-5　会 期 制　53

2-6　本会議と委員会　55

2-7　衆議院と参議院　57

2-8　両院協議会　61

2-9　党議拘束と与党審査　63

2-10　国対政治　65

2-11　戦前の日本の政党　67

2-12　戦後の日本の政党　70

2-13　衆議院・参議院の選挙制度　73

2-14　予算の編成過程　75

2-15　予算の循環と国会　77

2-16　議会の補助スタッフ　79

2-17　国会の評価と課題　82

引用・参照・参考文献　84

第Ⅱ部　リーディングス

1　N・W・ポルスビー「立法府」……加藤秀治郎　訳　88
　　　　　　　　　　　　　　　　　　和田修一

はじめに　88

第1節　各立法府の類似性——定義と概念化の問題　89

第2節　相違点——分類上の諸問題　95

第3節　閉鎖的体制で専門未分化の政治社会——
　　　　　体制の正統性への代替的経路　96

第4節　閉鎖的体制で専門分化した政治社会——
　　　　　批判勢力取込みのための代表制　99

第5節　開放的体制で専門分化されていない政治社会——
　　　　　代表なき小規模な身分制的体制の共同社会　104

第6節　開放的体制で専門分化した政治社会——

現代の民主的立法府の多様性　113

第7節　アリーナ型議会と変換型議会　117

第8節　立法府の改革 —— 変換型に向けての改革か？　146

第9節　専門分化され、開かれた体制における代表　148

第10節　結論として —— 立法府VS多目的の組織　153

参考文献　168

2　カール・ポパー「民主制について ——『開かれた社会とその敵』の再検討」

荒 邦 啓 介
雨 倉 敏 廣　訳　178

第1節　古典的理論　179

第2節　より現実的な理論　182

第3節　比例代表制　184

第4節　小党の支配〔過剰な影響力〕　187

第5節　二　党　制　189

第Ⅲ部　重点解説
1　ジョバンニ・サルトーリの選挙制度論

加藤秀治郎　192

1　デュベルジェの法則　192

2　選挙制度の限定効果説　194

3　政党制の「構造化」と選挙制度の「拘束性」　195

4　選挙制度の作用　199

2　ジョバンニ・サルトーリの両院制論

加藤秀治郎　201

1　低調な議会論議　201

2　議院内閣制での政党の党議拘束の重要性　202

3　首相公選制よりは「半大統領制」　203

4　両院制での権限関係　206

5　両院の性質・構成　209

第 I 部

議会政治概説

水 戸 克 典

第1章 議会政治の基礎概念

第2章 日本の議会政治

第1章　議会政治の基礎概念

1-1　政治システムと立法活動

● 政治体制と立法活動

　世界には実に多くのタイプの政治体制が存在している。歴史的にみると、その数はさらに増える。法律を制定するという立法活動も、いろいろな形態で遂行されてきた。立法活動を営むのは、欧米先進国に見られるような、開放的な政治システムの下での専門分化した立法府に限られないのである。その点を巨視的に分類したものに、ポルスビー（N. Polsby）の4類型がある。

　彼は2つの次元に着目して、立法活動のタイプを類型化している。まずは、政治体制が開放的か閉鎖的かの次元である。例えば北朝鮮における立法のあり方と、欧米先進国の議会での立法が大きく異なるように、政治体制の相違によって立法活動のあり方が異なるのは、容易に予想しうることである。

　政治学では、リンス（J. Linz）の政治体制の類型に代表されるように、「自由民主主義体制」と「全体主義体制」とを両極とする政治体制論がよく知られている。欧米先進国に見られる自由民主主義体制の反対には、かつてのナチス・ドイツの右翼独裁体制や、スターリンのソ連のような左翼独裁体制のような「全体主義体制」が見られる。

　さらには、両極の中間には「権威主義体制」という中間的なタイプが存在する。アジア、アフリカや中南米諸国に見られるタイプで、自由民主主義体制ではないものの、全体主義体制とまではいえない、白

黒つけにくいグレーゾーンに位置づけられる国の体制である。

　ポルスビーは、この次元につき「開放的な政治システム」と「閉鎖的な政治システム」に二分している。もちろん、中間的な濃淡さまざまな体制も想定されているが、まずは代表的な2つのタイプで議論を進めている。「国民・住民全体が統治の過程にどの程度影響を及ぼし、関与できるか」、その程度による類型である。

　もう一つの次元は、統治（ガバメント）活動が、専門分化されているかどうかである。小規模な自治体でのタウン・ミーティング（町民集会）ですべてが決定されている場合は、専門分化されていないものの一つである。逆に、今日の複雑で巨大な国家では、議会という特定の機関が立法活動を担っている。これは専門分化されているものの代表例である。

● ポルスビーの4類型

　政治システムが開放的か閉鎖的か、という次元と、統治活動が未分化か専門分化しているか、という次元を組み合わせると、4つの類型ができる。

図1　立法府の形態についてのポルスビーの4類型

統治活動	閉鎖的な政治システム	開放的な政治システム
未　分　化	1　立法府は存在せず 　　軍事政権や一部の支 　　配者が法律を制定	3　専門分化した立法府 　　は存在せず 　　町民集会や民会が法 　　律を制定
専門分化	2　指導者の共同委員会 　　追認のための立法府	4　アリーナ型の議会や 　　変換型の議会

　1は、閉鎖的な政治システムで、統治活動が未分化の場合であるが、小さなグループによる単純な独裁制などが該当する。その小グループは「自らの意思を強制する手段を付与されており、法を制定する権力

を有している」。聖職者グループや、軍事政権による支配などがそうであり、「形式だけの立法府」がおかれている場合もこれに含まれる。それは「政権の活動に正統性を付与することだけが、立法府の主要な任務」だからである。その体制は、一般の人々の同意に依拠して支配するのではなく、慣習に基いた支配や、強制に依拠しての支配がなされている。

　2は、閉鎖的な政治システムにあって、専門分化した立法府が存在する場合である。旧ソ連邦の最高評議会がその例だが、「追認のための（ラバースタンプ）立法府」である。

　3は、開放的な政治システムで、立法府が専門分化していない場合である。タウン・ミーティングや、古代ギリシアのポリスの民会が例に挙げられている。

　4は、開放的な政治システムで、専門分化した立法府が存在する場合である。欧米先進国の議会は、この類型に収まるものが大半であろう。

　ポルスビーの有名な議会の2類型は、第4の類型をさらに分けるものとして考えられている。つまり、イギリス議会のように論争の場「アリーナ」としての議会と、アメリカ連邦議会のように人々の要求を議会それ自体が法律に変換していく「変換」議会である（1–6参照）。

　また、この類型につき、わが国の文脈で注意したい点が一つある。それは、日本語でも定着しかけているラバースタンプの議会との呼称についてである。承認のラバースタンプ（ゴム印）を押すだけ、ということで、戦後日本の国会が、何の役割も果たしていないとする、「国会無能論」の文脈で、国会がラバースタンプの議会と呼ばれることがあった。

　だが、ポルスビーは、ラバースタンプは旧ソ連の最高評議会のように、まったく「見かけだけで、お飾り的」と形容されるような立法府について、その呼称を用いている。その点から、日本の国会についてラバースタンプというのは、ミスリーディングな表現だと言わなければならないだろう。

1-2 権力分立と議会

　立法府と行政府の関係は、議院内閣制を採るか大統領制を採るかによって、大きな相違が生まれてくる。議会のあり方も、この権力分立の２類型と密接に関連している。

　議院内閣制とは、議会の多数派を占める政党から総理大臣が選ばれ、総理は内閣を組織して行政権を行使するものである。そこでは立法府と行政府の間の連携が想定されている。それに対して、大統領制では、大統領は議会の選挙とは別に、国民から選出される。したがって、立法府に対して行政府の独立性が高くなっている。

● 議院内閣制と議会

　議院内閣制では、議会の多数派が内閣を形成するので、バジョット（W. Bagehot）のいうように、内閣は議会と行政機関をつなぐ役割を果たすことになる（バジョットb、1998）。そこでは、議会における公共政策の形成にあたって政党が重要な役割を果たし、政党内閣が基本となる。与党が内閣を支えるものであり、与党議員が共同歩調をとって、内閣の政策を推進する構造となっている。

　それを保障するものとして、与党の党議拘束は欠かせない。党議拘束は元来、労組など議会外の組織に支えられた政党にのみ見られたものであるが、それが議院内閣制下の政党では一般的にみられるようになった。特に与党において党議拘束が重要性をもつのは、この理由からして当然である。

　議院内閣制の下で政党は政権を目指し、競い合う。各党は選挙で多数派を占めるべく激しい闘いを展開し、時には議会内で連立政権を形成して、政権を獲得しようとする。また、党内では議員も、総理大臣、

閣僚となり、その政治的影響力の最大化を目指して激しい競争を行う。政権を獲得した与党は、内閣を組閣し、内閣が中心となって官僚とともに法案や予算案を作成する。それを与党が所属議員に党議拘束をかけることで、議会で成立させていくのである。わが国は議院内閣制を採用しており、国会は理念的にはこのような原則の下におかれている。

● 大統領制と議会

　大統領制の下では、大統領は議会の議員とは別に選出され、議員は大統領を補佐する閣僚となることができない。アメリカに典型的に見られるように、議員は政党から高い自律性をもって行動する。大統領もまた、議会から選出されるわけではないので、議会に対して自律性を確保している。議院内閣制の場合のように、議会によって不信任決議を突き付けられることもない。アメリカでは大統領も議会を解散できず、相互に独立した存在となっている。

　そのため、党議拘束によって議会多数派が大統領を支えるという構図はない。政党・会派で賛否が一致しないクロスヴォート（交差投票）により議決がなされることも多く、政党は重要法案については政策の賛否で議員に働きかけはするが、その効果には自ずから限界がある。

　立法は議会の役割とされ、大統領に法案提出権はないので、政府提出法案は存在しないが、大統領も立法に全く無関係では統治できないため、教書などを通じて、自らの意向を議会に伝える。また、大統領は議会に対して多数派工作をし、自らの意向に沿った法案が成立するように試みる。そこではしばしば党派を超えた多数派工作も行なわれる。

1-3　身分制議会と近代議会

　議会政治の発展は近代以降のことであるが、議会の制度そのものは
それ以前から存在していた。かつて西欧諸国では宮廷顧問会が存在し
ていたが、13世紀から17世紀にかけて、これは次第に身分制議会（等
族会議）として変貌していくこととなる。

● 身分制議会（等族会議）
　身分制議会の代表例は、フランスの三部会である。三部会は、僧侶
（聖職者）・貴族・平民といった身分の代表者から構成されており、国
王に対して自らの利害を代表する役割を果たしていた。
　身分制議会は近代議会の前身をなしているが、近代以降の議会とは
かなり性格を異にしていた。例えば議員は、各身分や地域社会を代表
する単なる「代理人」に過ぎなかった（命令委任）。代表は命令委任
に基づいて選出母体からその権限をこと細かに規定され、議員が独自
の判断で行動できなかったのである。
　また身分制議会そのものの役割も、極めて限られたものであった。
議会の歴史が、課税同意権の確立からはじまったことからも明らかな
ように、当初議会の役割は国王による新税の要求を認めるかどうかを
議論するものであった。身分制議会が、この権限の獲得・拡大を通じ、
国王の権力に一定の歯止めをかけたのは確かである。ただ、それは国
王の諮問機関的な役割を果たすにとどまり、国家の意思を主体的に決
定する機関とはなっていなかったのである。

● 近代議会
　産業の発展とともに、市民階級の発言力が増していくと、議会にも

その影響が及んでいった。次第に国王との対立が激しくなり、やがて市民革命がもたらされることとなる。革命を通じ、主権者は国王から国民へと変わっていく。身分制議会が近代議会へと転換していくことになる。

　近代議会においては、代表は個々の有権者の指示に従うのではなく、国民全体の代表として政治的に完全な自由が保障され、その行動の結果に対しては、ただ次の選挙によってのみ政治責任が問われるという代表委任の考えが確立されている。フランス革命に際し、国民議会が命令委任廃止の宣言をしたことは、近代議会の成立以降、議会の性格が大きく変わったことを示している。

　もっとも近代議会の成立は、国によってかなり状況が異なる。フランスでは、僧侶・貴族・平民からなる三部会が存在していたが、革命によりこれら身分を代表する会議は解体され、代わって国民議会という一院制の議会が成立することとなった。

　一方、イギリスでは当初から貴族院・庶民院からなる、今日の二院制の原型となる身分制議会が存在していた。イギリスでは、貴族院を廃止するのではなく、この権限を弱めつつ、逆に庶民院の権限を強化することで近代議会への転換を図ってきた。

　フランスは、三部会の解体を図ることで近代議会を成立させたという点で、その改革は急進的のものであった。それに対し、イギリスでは貴族院と庶民院という身分制議会の原型を残した点で、その改革は漸進的なものであった。

1-4 議会政治の諸原則

　民主主義には国民自ら政治を行なう直接民主制と、国民から選ばれた代表が議会で政治を行なう間接民主制（代議制民主主義）とがある。現代では、スイスの一部のカントンなどで直接民主制が採用されていることを除けば、間接民主制が一般的な形態となっている。

● 国民代表の原則

　議会政治が機能するためには、いくつかの条件が満たされなくてはならない。第一は、国民代表の原則である。身分制議会では、議員は階級や地域社会の意見の代理人にすぎなかった（命令委任）。しかし、議員の権限が事細かに規定され、その行動が選出母体に拘束されていては、議会政治は機能不全に陥りかねない。そこで議員は選出母体の指示に従うのではなく、国民全体の代表として、各自の判断で自由に行動することが求められるようになる（代表委任）。これが国民代表の原則である。バーク（E. Burke）がブリストルでの演説でこの観念を明確に主張した。またフランス革命に際し、国民議会は人権宣言とともに命令委任の廃止を宣言している。

● 審議の原則

　第二は、審議の原則である。議会政治が機能するためには、議会で十分に審議が行われることが必要である。慎重に審議が行われないまま決定が下されるのでは、議会政治は形骸化する。また間接民主制が機能するには、選挙を実効性あるものにしなければならず、有権者が代表を選挙するには、日頃から公開の場で十分に審議が行われることが不可欠である。

● 行政監督の原則

　第三は、行政監督の原則である。これは議会が行政を効果的に監督しなければならないという原則である。議会の歴史が国王に対する課税同意権の確立から始まったことからも明らかなように、議会による行政の監視は議会政治のもっとも本質的な機能である。権力分立が厳格な米国型の大統領制はともかく、議会の中から行政府のリーダーを選ぶ議院内閣制では、議会が行政を監督することが強く期待されている。

● 現代社会と議会

　今日、議会政治の諸原則は、政治的・社会的状況の変化により、必ずしも十分に機能しえない状況に陥っている。

　たとえば、選挙権の拡大により国民の同質性が崩れ、何が国民全体の利益であるのかが不明確になったという点を挙げることができる。制限選挙の時代には、「教養と財産のある」階層に選挙権が限定されていたため、ある程度社会の同質性は確保できていた。しかし普通選挙が実現したことにより大衆民主主義が成立し、社会の同質性は崩れ利害対立が深刻な問題となっている。こうした点からは、国民全体の利益を代表するといった「国民代表」の観念は明白なものではなくなっている。

　また利害対立が激しくなった結果、審議しても政策的合意を形成することは容易でなくなっている点も指摘することができる。加えて、審議は政党単位で行なわれることが多く、議員による自由な議論が妨げられているとの指摘もある。

　さらに20世紀以降、国家の扱う政策領域が拡大し、政策の内容が複雑化したことを背景として、「行政国家化」が進展した。その結果、官僚の果たす役割が大きくなり、議会の地位は相対的に低下し、議会による行政の監督機能を十分に果たすことが難しくなっている。

1-5 **多数決原理**

　多数決原理は、現代の議会政治におい欠くことのできない原則として機能している。ただ、議会の歴史のなかで、多数決原理は当初から明確に存在していたわけではない。国家が組織的軍事力を独占できず、政治諸勢力の物理的な力を行使して、政策形成に影響を及ぼすような状況下では、議会の役割は極めて限定されたものであった。

　しかし、やがて国家の軍隊が整備され、官僚組織が発達し、これを抑えない限りいかなる政策の実現も不可能となるなかで、議会や政党の果たす役割は飛躍的に増大することになる。議会は国王との対立や議会内における派閥対立に武力で決着をつけることを止め、代わりに議会内多数派の意見を尊重しながら政策を形成・決定するようになったのである。ブライス（J. Bryce）は、これを「弾丸（bullet）を投票（ballot）に代える」、「頭を打ち割る代わりに、頭数を数える」という新たなルールとして表現している。ここに議会内における多数決原理が確立されることとなった。

　議会制民主主義においては、十分な議論を行いながら合意を形成していくことが期待されている。しかし、議論を続けてもなお意見の一致をみない場合には、多数決原理によって結論を出すこととなっている。これはそれぞれの意見に優劣は付けられないという立場の下、数の多寡によって結論を導き出すという政治的方策の一つである。いうまでもなく、多数決は結論を出すための最終的な手段であるから、そこに至るまでの議論は議会制民主主義のもっとも肝要な過程として重視されなければならない。

　さまざまな意見に優劣は付けられないという考え方は価値相対主義といわれ、ケルゼン（H. Kelsen）らはこれが民主主義を倫理的に支

える原則だと主張した。

　ケルゼンは、その著『民主主義の本質と価値』において、多数決原理を用いるにあたり数字上の多数が決定的に重要となるわけではないことを説いている（ケルゼンa）。彼によると、多数派の少数派に対する絶対的な支配、すなわち少数派に対する多数派の独裁といったものは現実には存在しない。多数決原理に基づいて形成された社会の意思は、多数派と少数派の相互作用の結果、対立する政治的意見の合成力として生成されるからである。ケルゼンは、こうした考えが議会制民主主義に特によく妥当するとしている。議会における全ての手続きの目的は、他者から妥協を引き出すことにあり、これが現実の民主主義における多数決原理の本質的な意義であるとしたのである。この意味で、多数決原理は「多数－少数決原理」ということになる。実際、議会においては、多数決原理がしばしば調整・妥協の原理として機能している。そして議会手続きは、意見・利害が対立するなか、妥協点を目指し、諸勢力の合成力を形成するように定められているのである。

　またケルゼンは、絶対的価値の洞察が可能か否かで独裁と民主主義の相違を説明しようとする。彼によれば、絶対的価値の洞察が可能であるとする立場は形而上的・絶対主義的世界観の前提となり、これは政治的には独裁主義的な思想につながるとした。一方、絶対的価値の洞察や絶対的真理の認識が不可能であるという立場は、批判的・相対主義的世界観となり、この世界観が政治的には民主主義的思想に対応するとした。ケルゼンは、相対主義こそが民主主義的な思想の前提となる世界観であると考えたのである。

　ケルゼンの視点は、多数決は少数派に対する多数派の絶対的な支配ではない、とする考え方へと発展していくこととなる。つまり、少数派の意見に耳を傾け、適切な形で法案が修正されることを理想としたのだが、ケルゼンはこれを「多数－少数決原理」と呼んだ。

1-6 議会の類型

　議会には、立法、政府監視、代表、統合、利益調整、争点明示、政治教育、正統性付与といった、実に多くの機能がある。また国により、それらの機能のいずれを重視するかで相違がある。そうした点に着目して、これまで各国の議会の機能を類型化する試みがいろいろなされてきたが、なかでもポルスビー（N. Polsby）の類型は、もっとも一般的なモデルとして知られる。

図2　ポルスビーの議会類型

低 ←――――――――――――――――― 変換能力 ――――――――――――――――――→ 高			
アリーナ議会 （arena）	準アリーナ議会 （modified arena）	準変換議会 (modified transformative)	変換議会 (transformative)
イギリス	西ドイツ	オランダ	アメリカ
ベルギー	イタリア	スウェーデン	
フランス （第五共和制）	フランス （第四共和制）		

出典：Polsby（1975), p.296 ; Mochizuki(1982), p. 10 ; 岩井(1988), p. 7.

● ポルスビーの二類型

　ポルスビーは、各国の議会が争点明示機能と変換機能のいずれを重視するかによって、議会の類型を2つに分類した（図2参照）。

　第一の類型は「変換議会」である。アメリカ議会が典型例だが、社会的な要求を法律に換えていく変換の機能、政策というアウトプットを生み出す機能を主に果たす議会である。これに対し、第二の類型は「アリーナ議会」である。イギリス議会が典型例だが、議会での討論

を通じて争点を明確にするという争点明示機能を主に果たしている議会であり、議会が討論の場、政策論争の場と考えられるものである。

両者については、ドイツ語の表現が日本語になじみやすい。アリーナ議会は討論の場ということで、「討論の議会」（Redeparlament）といい、変換議会は、立法の具体的な作業をする議会という意味で「立法作業の議会」（Arbeitsparlament）という（Schlangen、1980）。

● 変換議会（立法作業の議会）

変換議会の典型は、アメリカ合衆国の連邦議会である。そこでは、議会は自律的に立法の役割を果たしているとされ、どれだけ議会が法案作成に関わり、また提出された法案が議会内でどれだけ修正されているかが重視される。

徹底した三権分立の大統領制をとるアメリカ合衆国では、立法権は議会に属するものとされ、制度上も大統領には法案提出権がないので、政府提出法案はない。そのため法案は全て議員によって提出される議員提出法案である。また、常任委員会における審議の過程で法案に対する大幅な修正がしばしば加えられる。こうした要因によって変換能力のある議会として位置付けられることになっている。

このように、大統領制をとる国の議会は、変換議会に近いものになるが、議院内閣制の国にも変換議会がないわけではない。このタイプでは、議院内閣制の国の場合、政府提出法案に比して議員提出法案がどれだけ多いかが重要とされる。ポルスビーは、アメリカに準じるタイプとして、オランダとスウェーデンの議会を挙げている。

● アリーナ議会（討論の議会）

アリーナ議会の典型はイギリスの議会である。そこでは法案を作成したり修正したりするよりも、議会における討論により、政治的争点を国民に明示することが主な役割とされる。実質的な政策形成は議会以前の段階で行われており、議会で法案が大幅に修正されることはあ

まりない。政府によって提出された法案がそのまま議会を通過・成立
することが多い類型である。

　イギリス議会においては、政府によって提出される法案が100％近
く成立することも少なくなく、また議員立法の成立率は2割弱に過ぎ
ない。議会で法律を形成するというよりは、与野党間の論戦を通じて、
主に国民に争点を明示する役割を果たしているのである。

　イギリスのほかには、ベルギーやフランス（第5共和制）の議会も
典型的なアリーナ議会とされる。ドイツやイタリアの議会は、これに
準じるものとして位置づけられている。

1-7　議会の機能

● ブロンデルのヴィスコシティ

　これまで議会の役割を指標化し、各国の議会機能を分析する試みが数多く行われてきたが、とりわけブロンデル（J. Blondel）のヴィスコシティ（viscosity 粘着性）概念は、その後の議会研究に少なからず影響を与えることになった。

　ブロンデルは、議会が政府に対してどのような役割を果たしているかといった観点から、ヴィスコシティ概念を用いて議会機能分析を試みた。ヴィスコシティとは、議会が政府に対してどの程度「同調的」か、あるいは政府から「自由」かを表す指標である。議会が政府の作成した法案を容易に通過・成立させるようであれば、議会は政府に対し「同調的」となり、逆に原案のまま容易に成立させないようであれば議会は政府から「自由」ということになる。

　政府提出法案に対し、議会があまり時間をかけず、またさほど修正も加えないまま成立させる状態が「同調的」とされる。ヴィスコシティが弱く、議会が政府に対しあまり役割を果たしていない状態である。一方、政府提出法案に対し、議会内で発言者が多く、また結果として多くの修正が加えられたり、反対意見が多く容易に成立しない状態が政府から「自由」な議会であるとされる。ヴィスコシティが強く、政府に対し議会が独自の役割を果たしている状態である。ブロンデルは、このようなヴィスコシティの程度によって、議会の役割を指標化しようとしたのである。

　もっともブロンデルのいうヴィスコシティの概念は、全ての国の議会にそのまま適用できるわけではない。例えば、ブロンデルは〈政府

― 議会〉という図式の中で議会の機能を捉えようとしているが、議院内閣制の場合、そもそも議会と政府の関係が密接であり、また特に党議拘束の強い日本では与党は国会で内閣提出法案を通過・成立させることになっているから、単純にブロンデルの議論を日本の国会にあてはめることはできない。日本の場合、ブロンデルのいう〈政府 ― 議会〉の図式は、〈政府・与党 ― 野党〉の関係で捉えることが妥当であり、その意味では野党のヴィスコシティとして議会機能は評価されるべきである。

● ヴィスコシティと国会機能論

長い間、日本では国会は機能していないとする「国会無能論」が定説となってきたが、1980年代に入ると、モチヅキ（M. Mochizuki）、岩井奉信、曽根泰教らによって、ヴィスコシティ概念を用いた、いわゆる「国会機能論」が唱えられるようになった。そこでは、野党も一定の役割を果たすことによって、国会もある程度機能していると結論づけられている。

内閣提出法案の成立に責任を負っている与党は、通常、議席の上では多数を占めていることが多い。このため、イギリスの議会がそうであるように、本来、内閣提出法案の成立率は100%近くになるはずである。しかし55年体制下の日本では、野党の抵抗によって政府・与党が譲歩せざるを得なくなり、結果としてその成立率は80%前後にとどまっており、また法律が修正されることも少なくなかった。これが、野党のヴィスコシティが強いとされる論拠となる。日本の国会の場合、法案等を審議するために用意されている時間（可処分時間）が制度上非常に限られており、また委員会の理事会で用いられることの多い全会一致の慣行をはじめとした野党に有利なルールの存在が、野党のヴィスコシティを高める働きをしてきたのである。

1-8　一院制と両院制

● 一院制と両院制

　議会には、一議院で議会を構成する一院制と、二つの議院で議会を構成する両院制（二院制）とがある。一院制とは、そもそも民意は1つであるから、第二院は不必要であるとの考え方に基く制度である。両院制反対論としては、アベ・シェイエス（E.-J. Sieyès）の次の言葉がよく引かれる。

　「第二院は何の役に立つのか。それが第一院と一致するなら無用であり、第一院に反対するなら有害である。」という言葉がそうである。[*]

　そのような両院制に対する消極的な考え方もあり、例えば大革命後のフランス議会は、国民議会だけの一院制となっていた。その後、フランスの議会は両院制となっているが、スウェーデンのような北欧諸国や、アフリカなどの発展途上国・社会主義諸国などでは多くの場合、一院制が採用されている。

　一方、両院制は、国民代表機関としての性格をもつ下院と、これとは異なる役割を担わされた上院からなる制度である。両院制の典型例であるイギリス議会のように、下院の権限が上院の権限に優越していることが多い。

　戦前のわが国の帝国議会も両院制であった。帝国議会は、公選議員から選出される衆議院と、皇族・華族・勅撰議員からなる貴族院とで構成されていた。現在とは異なり、両院はほぼ対等であった。

　戦後当初、GHQは貴族院を廃止し、衆議院からなる一院制の国会を憲法草案のなかで想定していた。しかし日本政府からの強い要望もあり、貴族院に代わる公選の第二院（参議院）を設けることとなった。

新憲法下の国会においては、首相の指名や、予算の議決、条約の承認等に関して、衆議院（下院）の参議院（上院）に対する優越を認めている。

● 両院制の類型

両院制はその性格から３つに類型化できる。まずひとつは、連邦制型の両院制である。連邦制国家とはアメリカのように州から構成されている国家をいうが、それら州の権限は一般に強いことが多い。そのため州の利益を国家の政策形成に反映させる必要性が生ずる。そこで下院とは別に、各州の代表から構成される上院を設けているのが、このタイプの両院制である。

第二は貴族院型の両院制である。イギリス議会における従来の貴族院（上院）がその典型例である。下院は選挙によって選出される議員から構成されているという点で民主主義的な性格を帯びているが、これを抑制する目的で設けられるのが貴族院である。イギリスの貴族院は選挙によらない議員から構成されてきたため、選挙によって選出される議員から成る下院とは大きく性格が異なっていた。但し、貴族院は権限を限定されており、下院の優越が確立されているため、下院を抑制することは少ない。戦前のわが国の帝国議会における貴族院も非公選議員から構成されていたが、貴族院は衆議院とほぼ対等であったため、ある程度衆議院の抑制機能を果たしていたといえる。

第三は、参議院型の両院制である。現在のわが国の国会はこの型の両院制である。参議院は第一院で審議されたことに関し、慎重を期して再度議論することを目的として設けられたものである。これにより、極端な政策の成立を阻み、バランスの取れた政策形成が可能になるとされる。こうしたこともあり、参議院はしばしば「良識の府」であることが期待されている。

しかしわが国のように、衆議院と参議院がともに公選議員から選出され、しかもその選挙制度が似通っている場合には、参議院を「良識

の府」たらしめることは容易でなく、参議院が衆議院のカーボンコ
ピーとなってしまう恐れがある。参議院に衆議院とは異なる独自の役
割をいかに果たさせていくかが重要な課題となっている。

＊ シェイエスのこの言葉は、ブライスが『近代民主諸国』(邦訳は『近
代民主政治』岩波文庫)で出典を示さないまま引き、それが美濃部達吉
や宮沢俊義らに引かれたことで、わが国の憲法学者の間でよく知られる
ようになったものである。ただ、シェイエス自身は激動のフランス革命
期を生き抜いた政治家・知識人であり、時期によっては両院制を主張し
たと言われる(芝生瑞和編『図説 フランス革命』河出書房、1989年)。
しかも、有名な言葉の出典は他の論者によっても示されないままであり、
いつ、どのような文脈で語ったものか、未だ確認されていない。はたし
て、シェイエスがそのように考えていたのかも分からないのであり、
シェイエスの説として安易に引用し続けるのは、どうであろうか(参照、
阪本尚文「シエイエスは一院制論者か？」『法律時報』2013年12月)。

1-9　政党の発生とその機能

　政党は議会とともに発展してきた。近代議会政治が政党を育て、政党の成長が近代議会政治の発展を支えてきたのである。国家の意思決定が、国王や一部の貴族、官僚によってなされた時代には、政党の発生はありえない。しかし議会が課税同意権や行政監督権を獲得し、国の政策形成に影響力をもつようになるのに伴い、政党が発生することとなる。

● 政党の発生

　政党の発生・発展にはいくつかの条件が必要である。第一に、議会内における議員の自由が保障されることである。中世の身分制議会では、議員は階級や地域社会の単なる代理人に過ぎなかった。しかし、やがて議員が国民全体の代表として政治的に完全な自由が保障されるようになり、またその行動については、次の選挙でのみ政治責任が問われるという国民代表の理論が確立されてはじめて、政党は誕生することになる。

　政党がいち早く発展したのはイギリスである。ウェーバー（M. Weber）はイギリスの政党を分析し、政党の発展過程を、貴族主義的政党、名望家政党、大衆政党の３つの政党類型と関連させて論じている。当初、政党は貴族とその従属者で構成されていた。これが貴族主義的政党である。ところが、市民階級が台頭してくるのに伴い、次第に僧侶・医師・有産農家・工場主といった「教養と財産のある」地域社会の指導層からなる名望家政党がこれに取って代わるようになった。しかし、それは議会の外には広がりをもたない院内議員政党であった。その活動は議会内にとどまり、今日の政党とは明らかに性格が異なっ

ていた。

　19世紀に入ると、労働者階級や下層中産階級にも選挙権を拡大することを求める普選運動がはじまり、政治運動の組織体として、院外政党が誕生した。民主主義運動、社会主義運動、労働運動が高まりをみせると、議会内の組織にとどまっていた政党は、院外にも組織の広がりをもつ政党へと脱皮していった。普通選挙が実現されると、政党は得票を増大させるために、一般の有権者をその視野に入れて活動するようになる。特に西欧では、民主主義運動や労働運動が活発だったこともあり、都市の下層中産階級や労働者階級を基盤とする社会主義政党が誕生した。こうして院内議員政党は、大衆に基盤をもつ現代的な大衆政党へと転換を遂げていくこととなる。

● 政党の機能

　現代社会は多元化し、諸集団の利害が対立し、複雑に錯綜している。政治の役割は、公共問題での対立を調整して、政策を形成することにある。それには社会に発生する紛争を政治問題として取り上げ、政治過程のチャンネルにのせていく必要がある。社会問題を政治問題に転換する役割を、アーモンド（G. Almond）は利益表出機能と呼んだ。この機能は、圧力団体などとともに政党によって営まれている。

　また、これら個々の政治問題を整序・集約し、具体的政策へとまとめあげていく必要がある。政治的諸問題を体系的な政策へと凝集していく機能で、利益集約機能という。これは主に政党によって果たされている。政党がこの機能を営むことで、議会での政策形成が可能になるのである。

　他にも、党活動やマスメディアを通じ、社会における諸問題を国民に伝達して世論の形成を行ったり、広く国民の中から人材を吸収し政界に供給するなど、政党はさまざまな役割を果たしている。

1-10 政党と会派

　議会において共同で行動する団体を「会派」という。基本的には同じ政党に属する議員は、同じ会派に属するので、大まかには、議会の中での政党が会派ということになる。しかし、無所属議員や弱小政党の議員が共同の会派を組織したり、大きな政党の会派に加わったりするので、単純ではない。例えば旧民主党の場合、衆議院では「民主党・無所属クラブ」、参議院では「民主党・新緑風会」となっていた（2009年の解散前の国会）。

　また、二院制の場合、同じ政党も各議院で公式には別の会派となる。そして自律的に党議を決定するケースもあり、その場合は同じ政党でも違った行動をする余地が大きくなる。

　連立政権を構成する与党でも、議会で共同の会派を結成する場合もあれば、そうでない場合もある。かつて自民党は中曽根内閣の時に、新自由クラブと連立していたことがあるが、そこでは統一一会派「自由民主党・新自由国民連合」が結成されていた。それに対して自民党と公明党の場合は、衆議院でも参議院でも別々の会派となっている。

● 議会運営と会派

　議会の中では、公式には政党は存在せず、すべて会派を中心に運営されるので、委員会の委員の割当てや、発言時間の割当てなど会派ごとになされる。そのため統一会派を組んでいれば、政党が別でも一緒に扱われる。議席がごく少数の政党の議員や無所属議員の場合、統一会派に加わって、委員会のポストや発言の機会を確保する。

　会派が重要な意味をもつのは、表決の際に会派ごとに統一した賛否の行動をとるからである。一般に「党議拘束」というが、公式には議

会に政党は存在しないから、実態としては「会派拘束」ということになる。日本の場合、各政党は衆・参両院の所属議員に対し同一の拘束をかけており、各院の審議に大きな差異が生じることはなく、各院が独自性を発揮しにくい。

　またポストの配分は議会の運営に重要な意味を持っている。衆議院・参議院の議長は、それぞれの議院で選出されるため、衆議院の議長ポストは与党が握る。「ねじれ国会」の下では参議院の議長ポストは野党が握ることがあり、それが与党ペースの議会運営を困難にする一因となる。ちなみに2007年の参院選で与野党が逆転した際は、野党の江田五月議員が議長となった。

　より微妙だが、無視できないのが委員長ポストである。これに関係して「単純多数」・「安定多数」・「絶対安定多数」が語られることがある。公式の会議体では、議長は採決の際、最初は自ら表決に加わらず、可否同数となった場合に初めて、「議長は可とする」という形で表決に加わる。このため与野党伯仲状況となると、委員会の定数が偶数か奇数かということが重要な意味を持つ場合がある。

　例えば、定数40人などの「偶数委員会」の場合では、与野党が20人で、与党が議長役の委員長ポストをとると、採決の際、与党19票、野党20票となって否決されてしまう。わが国では最終的には本会議で過半数を得ていればよいので、それが決定的な意味をもつわけではないが、与党側としては国会運営に支障をきたすことは否定できない。

　逆に、定数45人などの「奇数委員会」の場合、与党23人、野党は22人で、与党が委員長を出しても、採決で賛否が各22票となり、議長の決裁権（キャスティング・ボート）で可決となる。

　以上のことから、与党の状況には次の3つがある。

①　単純多数――与党は最低限、本会議での過半数がないと不安定となる。この最低ラインが単純過半数である。

②　安定多数――与党は全ての常任委員会で委員長ポストをおさえ、採決で同数か多数となると安定した国会運営が可能になる。

　この状態を安定多数という。

③　絶対安定多数——委員長ポストをとっても、最初から多数な
　らさらに安定した国会運営が可能となる。これが絶対安定多数で
　ある（なお、わが国では、実際には野党対策として、幾つかの常任
　委員長ポストを野党にわたすことがある）。

1-11　拒否点と拒否権プレーヤー

● インマーガットの「拒否点」

　各国の立法過程を比較研究する際の分析枠組みとして注目されているものに、インマーガット（E. Immergut）らの「拒否点」（拒否地点）の理論がある（拒否権行使ポイントとも言われる）。これは1990年代に議論され始めたものである。政策転換が実現されたり、阻止されたりするのは、どのようなプロセスによるものかを、各国の比較で検討しようというモデルである。

　「拒否権」という概念を使ったものでは、かつてリースマン（D. Riesman）が唱えた「拒否権行使集団」がある。米国の政治過程にあって、強力な影響力をもつ圧力団体が、自分たちの利益を損なうような政策転換を阻む力を有していることを指摘したものであった。

　拒否権の本来の用法では、米国の大統領が自分の賛成できない法案を拒否して、議会に突き返す権限などをいう。また、国連において5つの常任理事国のいずれか1か国でも、反対して拒否権を行使すると、議決とならないが、そのように提案をつぶしてしまう権利をいうものである。リースマンは、米国の一部の圧力団体がこのように強力な影響力を有するとしたのであった。

　インマーガットらのいう拒否点とは、「関所」や「関門」のように、権限や影響力のある人物・集団が政治過程の要所々々に存在しており、政策形成にストップをかける場合、その地点をいうものである。拒否権に近い影響力が行使されることがある地点はどこか、ということを扱う理論モデルである。インマーガットなどは、政治制度上のメカニズムを重視して、このような観点から政治過程の比較研究をしようと

した。

● 曽根＝岩井の「障害物」モデル

　同様の事象につき、日本ではほぼ同時期（1987年）に、曽根泰教＝岩井奉信が政策過程における「障害物競争モデル」として論じている。日本の立法過程において、成立を阻む障害物となっているものを理論的に整理しようとしたものである。他にも日本の立法過程についての類似のモデルがあるので、ここではそれらも含めて、一括して述べておく。

　法案ができる前に、官庁内部や官庁間の対立で阻止されたり、自民党内の「族議員」によって政務調査会の「部会」で阻止されたりすることがある。さらに総務会では派閥の意向が働き、この関門で法案を葬ることもある。ここで法案を国会に上程してよいとの決定が下されると、それが党の決定（党議）となるが、総務会は「全会一致」の決定にこだわる組織であったので、まとまった数の少数派が反対すると「後回し」、「先延ばし」にされた（ごく少数の反対の場合は、その議員が欠席をして、形の上で「全会一致」にされるが、このようなルールの下では総務会が「障害物」となり得た）。

　国会上程後も、両院制なので参議院を無視することはできない。自民党の参議院議員団の協力が不可欠なので、同議員団はこれをテコに党内での影響力を伸ばしてきた。国会では無論、野党も存在し、「無力」と言われたものの、憲法・防衛・教育などのイデオロギー的な争点では、影響力を発揮しており、拒否権に近い「粘着力^{ヴィスコシティ}」を発揮していた。

　採決となると野党は負ける可能性が極めて高いので、様々な手段を用いた「時間かせぎ」で、「審議未了・廃案」に追い込むのが常套手段であった。否決ではないものの、法案が成立しない点で、否決と同じような効果をもつ。このように、自民単独政権の時代にも、随所に関門があり、「決まらない政治」が多くみられた。それは拒否点、障

害物が多いためと説明できるかもしれない。

● ツェベリスの「拒否権プレーヤー」

　このような議論をさらに包括的にモデル化する試みが、ツェベリス（G. Tsebelis）の「拒否権プレーヤー」である。現状を変更する提案がなされる際に、それを拒否して、止めてしまう行為体のことである。現状の変更は、具体的には法律の制定や改正という形をとることが多いので、広義の立法過程を扱う分析枠組みと考えられる。

　拒否権プレーヤーとしては、大統領のような個人的アクターもあれば、議会や政党のような集合的アクターもある。両院制の両院は一つの集合的アクターとも見られるし、それぞれを集合的アクターとも扱えよう（ツェベリスはあまり細分しない数え方をとっている）。

　さまざまなアクターを考えうるが、現状の変更を提起するプレーヤーは、「アジェンダ設定者」と呼ばれる。それに対して、アジェンダ設定者が提起する現状変更の政策を阻止するだけの支配力のあるアクターが「拒否権プレーヤー」と呼ばれ、それらアクター間の作用が分析される。

　名目上、拒否しうる権限のあるアクターが、実質的に拒否権プレーヤーとなっているか否かは、分析してみないと分からない。例えばレファレンダム（国民投票）は、決定を止める可能性をもつ制度だが、実質的には強力なアクターの道具として使われる場合があり、その際には議会を迂回して決定できる装置とみなされる。この場合は、拒否権プレーヤーの数を減らすものとされる。

　また、現状が維持されることは「政策安定性」と呼ばれるが、それを良い・悪いの判断はせずに、まずは価値中立的に分析することが大切だとされている。現実政治では、現状の政策の変更は、「改革」なり「改悪」と呼ばれ、好意的に評価されたり、否定的に評価されたりしていることが多いが、それらから中立的に、まず学問的に分析しようとしているのである。善悪の評価と無関係に、「変更」として扱い、

それが実現されたり阻止されたりするメカニズムを分析するのである。

　そこでは、憲法などの政治制度や、政党のあり方（政党システム）、決定のルールなどの要因が作用しているとされる。連邦制か単一国家か、大統領制か議院内閣制か、一院制か両院制か、などが、関わってくるのは当然予想されよう。有力な政党がイデオロギー的に立場を大きく異にしているか、政策的な立場が近く妥協が容易か否か、決定が過半数でいいか、3分の2以上の特別多数を求められるか、はたまた全会一致でなければならないか、といった問題が扱われている。

　また、それにとどまらず、現状の政策が変更なされない場合は、司法や官僚が政治にどう関わるか、などの論点にも踏み込んだ議論をツェベリスは目指しており、きわめて包括的なモデルが志向されている。その有効性についての判断は今後の課題となろう。

1-12 選挙制度と議会

　選挙制度も議会のあり方と密接に関連している。選挙制度には実に多様なものがあり、いくつかの制度を混合させて用いている国も少なくない。だが、その基本は小選挙区制（多数代表制）と比例代表制の2つであり、両者では国民の利益の代表と集約という点で大きな相違がある。議会の機能との関係では、その点がきわめて重要である。

● 小選挙区制（多数代表制）

　選挙区で最多得票を獲得した者1人が当選するのが小選挙区制である。選挙区の多数派の代表を選出する制度なので、多数代表制と呼ばれる。他に、複数定数の選挙区で、定数の分だけ連記させる大選挙区完全連記制があるが、これも多数代表制の一種である。そのような選挙制度の下では、候補者は選挙区の相対立する多元的利害を調整し、有権者の支持を最大化しようとする。バジョット（W. Bagehot）が強調したように、多様な民意の集約に成功した者のみが当選することになる。このような代表から構成される議会においては、さまざまな公共政策の形成において、選挙の時点である程度利害の集約がなされているので、与野党間の妥協や調整は比較的スムースに進み、迅速・適切な公共政策の形成が容易になると考えられる（バジョットb、1998）。

　ただ、注意しなければならないのは、社会構造との関連である。小選挙区制においては、少数派が代表を国会に送ることが難しい。全国的によく組織化され、一定の地域的広がりをもつ勢力でも、全く議員をもたず、発言の機会が乏しくなりかねない。社会が分裂要因を抱えている場合、そこで小選挙区制が採られると少数派は疎外されること

になる。そのような少数派が反体制運動に入り、政治システムそのものを危機に陥れかねない可能性があることは留意しなければならない。そのような社会では、レイプハルト（A. Lijphart）のいうように、比例代表制的な制度が必要となろう（レイプハルト、2005）。

● 比例代表制

比例代表制では、基本的に各党が有権者の票に比例して、各党に議席が配分される。政党選択が選挙の基本であり、候補者と有権者のパーソナルな繋がりが薄くなることは否定できない。このような比例代表制では、小規模な利益集団でも議会に代表を送るのが容易である。一定の構成員を有する組織はその成員に指示を出し、成員はそれに従って投票する場合が多い。このようにして議会は、多元的・組織的利害を代表する議員から構成されることになる。

その結果、社会のさまざまな利害を代表する議員が、議会に集るので、議会の中で利益集約を図られなければならない。ケルゼン（H. Kelsen）らの比例代表制論者は、多数決は議会の中でなされればよいので、そういう多元的な議会構成の方が望ましいとしているが、利益集約が上手くなされるかについて懸念を抱き、反対論を唱える者もいる。

つまり、比例代表制では、代表と支援組織との関係は、近世初期の身分制議会での命令委任にも似た関係となっているわけで、議会における審議は、それぞれの支援組織の利害の擁護・拡大を求める対立の場となって、公共政策の決定は容易ではなくなり、しばしば先延ばしされることになるといわれる。

1-13　アメリカの議会

● アメリカ議会と選挙

　アメリカの連邦議会は、上院と下院からなる両院制である。アメリカは連邦制国家ということもあり、州の利益を国の政策形成に反映させることが必要となっている。その役割を担っているのが、上院議員である。上院議員は、人口に関係なく各州2名ずつ小選挙区制で選出され、定数は100名となっている。任期は6年で2年ごとに3分の1が改選される。一方、下院は州の人口に応じて定数が決定されている。定数435名、任期は2年で、小選挙区制により全議員が改選される。

　下院議員選挙は、大統領選挙（4年任期）の年とその2年後に行なわれる。大統領選挙の中間に実施される選挙を中間選挙という。中間選挙は単に議員を選出するだけでなく、大統領の施策に対する中間評価という役割も果たすので、重要な意味をもっている。

　アメリカ議会は、下院の優越を認めている日本やイギリスとは異なり、両院の権限はほぼ対等である。但し、条約批准権と大統領の一部人事に対する任命同意権は上院のみが有している。一方、歳入に関する議案は下院が先議権をもっている。

● 権力分立とアメリカ議会

　アメリカは、議院内閣制に比べ、厳格な権力分立制を採用している。日本やイギリスのような議院内閣制の国では、議会の中から首相が選出されており、その点で立法と行政の関係は緊密であるといえる。一方、アメリカ型の大統領制においては、連邦議会議員・大統領ともに国民から選出されており、立法府と行政府それぞれの独立性は高い。

　権力分立が厳格であるということは、議会の役割に少なからず影響
を及ぼしている。例えば、議会への法案提出権が大統領にはないこと
である。議院内閣制の国では、立法と行政の関係が密接であるので、
議員のみならず内閣にも法案提出権が与えられている。しかしアメリ
カ連邦議会においては、法案提出権は議員に限られており、大統領に
法案提出権はない。大統領は、教書を通じて必要な立法措置を議会に
勧告するにとどまるのである。

　またアメリカでは権力分立が徹底されているため、大統領に法案拒
否権が与えられている。大統領は議会を通過した法案に対し、拒否権
を行使して、その成立を阻むことができ、議会における立法の全てを
行政の場で遂行する義務は負っていない。こうした拒否権は、議院内
閣制の日本やイギリスの政府には与えられていない。もっとも、アメ
リカでは、上下両院でそれぞれ3分の2以上の多数で再可決すれば、
大統領の拒否権を覆すことができる。議会により拒否権を覆された場
合、同法案に対し再び拒否権を行使することはできない。その点で大
統領の拒否権には議会により一定の制約がかけられているといえる。

　さらに、議会と大統領それぞれの独立性が高いため、議院内閣制の
国とは異なり、アメリカ議会は大統領に対して不信任決議を突きつけ
ることはできない（大統領に対する弾劾の制度はあるが、これは罪や
不正を追及するだけのもので、政治的責任を問うものではない）。他方、
大統領は議会を解散する権限をもたない。このため、議員は任期を全
うすることになる。

　こうした厳格な権力分立のあり方は、大統領による閣僚任命の様式
にも表れている。アメリカでは閣僚は全て現職の議会議員以外から選
ぶことになっている。つまり閣僚と議員の兼職はできないのである。
議会と行政の独立した関係をここからも読み取ることができる。わが
国では閣僚の過半数が議員のなかから、またイギリスでは全閣僚が議
員から選出されることになっている。

1-14 **イギリスの議会**

● 議院内閣制とイギリス議会

　イギリスは議院内閣制を採用していることもあり、よく日本と比較される。しかしイギリスの議会と日本の国会とでは異なる点が少なからず存在する。議院内閣制は、議会と政府の密接な関係を前提としている制度であるので、政府が法案を作成し、議会に提出できるのが一般的である。日本では内閣が主に法案を国会に提出し、成立法案も内閣法案が多い。イギリスも実際にはそれに近いが、形式的には相違がある。

　議員提出法案と区別される政府提出法案が、制度上存在しないのである。もちろん、事実上の政府提出法案はあるのだが、形式上、法案は全て議員が提出することになっており、内閣が法の策定を図ろうとする場合、まずはそれを所管する閣僚が議員の立場で法案を提出することになる（大山 a、1997）。

　このように所管閣僚によって提出される事実上の政府提出法案は、審議についても日本と異なる面がある。「55年体制」の日本では、野党の抵抗が強い場合などには、政府・与党は野党の意向に配慮し、内閣提出法案を一部修正したり、時には成立を断念したりすることがあったが、イギリスでは議会で野党から強く反対されても、議会で法案を修正したり、廃案にしたりする例は少ない。結果として、政府提出法案の成立率は非常に高く、100％近く成立する年も珍しくない。少数派である野党の意向は、政権交代を果たすことによって政策に反映させるというのが一般的な見方となっている。

　また、イギリスでは首相や閣僚の選出方法も日本とは異なっている。日本では首相は国会議員の中から多数決で選ばれることになっている。

このため、第一党の党首が首相になるとは限らないが、イギリスでは必ず第一党党首の下院議員が首相となる。つまり、下院（庶民院）議員が首相を務めることになっており、上院（貴族院）議員は、これまで選挙で選ばれてこなかったこともあり、首相になることはなかった。また第一党の党首が首相に選ばれることが慣行上確立している。

　閣僚についても、日本では過半数を国会議員の中から選ぶことになっているが、イギリスでは閣僚は全て議会の議員の中から選ぶことになっている。法案などの審議はあくまで議会の中で完結させようとする制度設計のため、議員ではない閣僚が議員の質問に対して答弁に立つということはイギリスではないのである。

● 政党と議会における審議

　イギリスは二大政党制の国として有名である。議会には第三党も存在しているが、保守・労働の２党が主軸となる。議会における政党の役割も、日本とはかなり異なっている。日本では、与党が国会審議以前の事前審査（与党審査）を厳格に行っているため、これが国会審議を形骸化させている１つの要因となっている。イギリスでも与党審査がないわけではないが、議会の審議機能を確保するために、厳格な事前審査は行わないこととしている。このため与党議員も、政府が成立を図ろうとする法案の内容を、細部については知らないことも珍しくない。

　また、政党による党議拘束のかけ方も異なる。日本では、原則として各党は党議を決定した時点、すなわち国会審議以前に党議拘束をかけるのが一般的であるが、イギリスでは採決以前に党議拘束をかけることは多くない。審議段階では議員を拘束しないため、自由な発言が促され、議論の活性化が図られるのである。

　委員会中心主義の日本に対して、イギリスでは本会議中心主義が採用されているが、議場の形式も討論（アリーナ）に適した形態となっている。わが国の党首討論はイギリスに学んだものだが、両党の党首が面と向かって、自由に議論を戦わせるのである。

第2章　日本の議会政治

2-1　議院内閣制と国会

　議会の役割は、大統領制における場合と議院内閣制における場合とでは基本的に異なる。日本は議院内閣制をとっているので、国会は議院内閣制の下での議会として検討されなければならない。しかし、その点があまり認識されていない面もあり、注意しなければならない。

　例えば、「立法府なのだから国会の議員はもっと法案提出や法案の修正をすべきだ」という議論がよく聞かれるが、この議論は議院内閣制と大統領制との相違に留意していない面があり、多少の混乱があると言わなければならない。ただ、現実の国会が、議院内閣制の下で理念的に想定されている機能を実際に果たしているかといった点については、別に検討しなければならない。

　これまでの議論では、政権交代の可能性が乏しく、自民党が長期単独政権を担ってきたため、国会での討議のもつ意味が、イギリスなどとの慣行とは違い、実質的に軽いものとなっていた。また、内閣も自民党内の派閥の微妙な均衡の上に成立しているため、内閣での決定も必ずしも一貫性が保たれているとは言い難かった。さらには、明治以来の官僚政治の伝統もあって、内閣提出法案も政治主導で形成されているとは必ずしも言えないとの声もあった。

　このような事情から、55年体制の成立以降、自民党長期単独政権の下で、国会運営はパターン化し、議会としての機能を十分に果たしていないのではないかという厳しい批判も加えられてきた。一方、そのような国会の役割に対する過小評価を改め、その機能を再評価しよう

とする仮説も提起されているが、その評価もまた野党の法案阻止機能に注目するといった消極的なものであった。ただ、連立政権の時代に移行する過程で、国会の政策形成にも新たな側面が見られるので、それにも着目していく必要がある。

　このように、これまでの議論はいささか錯綜していたが、統治システムの中で国会を考えるならば、アリーナ議会としての機能を踏まえ、わが国の国会の機能を明らかにしていくことが肝要である。

2-2　帝国議会と戦後の国会

　わが国では、戦前は旧憲法に基づき帝国議会が設置され、そこでは衆議院と貴族院の二院制が採用されていた。戦後は、憲法制定過程の中で貴族院に代えて新たに参議院が設けられ、衆議院と参議院の二院制となった。

● 戦前の帝国議会

　帝国議会は、欽定憲法である大日本帝国憲法の下、ドイツ（プロシア）の議会にならって1890年（明治23年）に開設された。だが、形式上は、その立法権が天皇の大権によって制限されていた。すなわち、天皇に統治権があって、天皇は帝国議会の参与によらず、その権限を行使できるものとされていたのであった。つまり、議会は予算や法律の成立に同意する権限にとどめられており、「協賛機関」とされていたのである。

　天皇は議会の決定に反対する場合、同意しないで拒むことのできる、いわば「拒否権」のような権限を有していた。しかし、明治・大正・昭和（戦前）と3代にわたり、天皇は帝国議会の決定をそのまま認めていたので、実際にはこうした権限は形式的なものとなっていた。

　帝国議会は二院制であり、衆議院と貴族院から構成されていた。衆議院では、当初は制限選挙が採用されていたが、大正末には男子普通選挙制が実現し、まがりなりにも国民が直接に公選する議院となっていた。それに対して貴族院は、非公選の皇族・華族・勅撰議員からなり、公選の衆議院を牽制するための議院であった。「民主制に対する防波堤」と言われるタイプの上院である。貴族院は衆議院とほぼ対等の地位に置かれていた。

　内閣は、公式的には天皇が直接に大臣を任命する形式となっていたため、議会の信任と無関係に存在しており、「強い政府、弱い議会」などと言われていた。「超然内閣」など、衆議院の総選挙の結果と関係なく成立する内閣があったのは、このような制度を背景としていた。

● GHQの一院制案

　戦後、占領下におかれたわが国では、新たに日本国憲法が制定され、議会も国会として新しいスタートを切った。

　憲法は、実際には日本側のイニシアティヴでの作業が挫折した後、GHQ（連合国総司令部）の憲法草案を土台として策定された。形式上は間接統治であったため日本政府は存在していたが、その裁量権は限定され、GHQの占領方針の強い影響下におかれていたのである。

　GHQの中には当初、貴族院については「民主化」して残すとの案もあったが、早い段階で廃止の方向となった。1946年のマッカーサーが示した方針（「マッカーサー・ノート」）でも、一院制が想定されていた。貴族制が廃止され、また日本は連邦制国家ではないので、上院は不要ということであった。しかし、GHQは必ずしも一院制に固執していたわけではなく、日本政府が両院制を強く主張すると、GHQは参議院という形でそれを容易に受け入れた。GHQが重視していたのは、一院制の実現よりも象徴天皇制と戦争放棄であったので、一院制案を象徴天皇制と戦争放棄を憲法に盛り込むための「取引材料」としていたのである。

　結局は、日本側のイニシアティヴで新しい両院制が導入された。しかし、その際、新たに創設される参議院の構想が十分に練られていたとは言い難く、新憲法下の両院制には衆参の権限関係をはじめ、さまざまな問題点が含まれており、それは後になって明白となっていくこととなる。

2-3　議会の類型と国会

　ポルスビー（N. Polsby）の議会類型の観点からは、日本の国会はどのように位置づけられるだろうか。

　長い間、国会は内閣が提出する法案を単に通過・成立させるだけの「ラバースタンプ」だと非難されてきた。何ら議会の機能らしい機能を果たしていない、ということで「国会無能論」といわれる。しかし、議会には幾つかの類型があり、日本の国会が何を目指しているかという点を考慮せずに評価は下せない。

　わが国の国会は、イギリス議会のような討論機能・争点明示機能を果たしてきたとは言い難かった。またアメリカ議会のような変換機能についても、それを果たしてきたとも評価されず、どちらの機能も十分に果たされていないという、否定的な評価が支配的だったのである。

● 変換議会としての評価

　変換機能の観点から日本の国会をみた場合、議員立法が少ないことなどから、国会は機能していないと一般には評価されてきた。

　しかし1980年代頃から、M・モチヅキ、岩井奉信らによって別の見解が明らかにされるようになった（Mochizuki、1982 ／ 岩井、1988）。国会、とりわけ野党の機能は一般に考えられていたほど低いわけではないという主張である。すなわち、国会では野党が法案を阻止する上である程度の役割を果たしてきたとの説である。例えば、55年体制下のわが国の国会では、内閣提出法案の成立率は概ね80％前後にとどまっていた。90年代以降は、内閣提出法案の成立率が多少上がるが、それでも100％近く成立するイギリスなどに比べると、わが国での成立率はかなり低い。野党の望まない法案の成立が阻止されていると

いうことであり、この点で国会は一定の機能を果たしているとみなければならない（これをモチヅキは、ブロンデル〔J. Blondel〕の「粘着性」概念を用いて、積極的に評価しようとしたわけである）。

　また、議員立法については成立率が2割弱であり、確かにアメリカ議会などに比べると高くはない。しかし、わが国は政府と議会の緊密な関係を前提とする議院内閣制を採用しており、立法は全て議会の役割とするような大領統制ではないこともあり、議員立法の多寡やその比率をもって国会の機能の強弱を論じるのは、妥当といえない面がある。変換議会（作業する議会）という基準だけで、わが国の国会を論じるのは正しくないのである。

● アリーナ議会としての評価

　「アリーナ議会」（討論の議会）という観点からみた場合、わが国の国会については、他国に比べ審議時間が極端に短いといった問題がよく指摘される。これは野党が政府・与党への抵抗の手段として、審議拒否や議場封鎖といった「審議を行わない」戦術を多用してきたためである。これまで党首討論をはじめとした、議論を行う国会への改革が行われてきたが、「討論の府」としてのあるべき姿にはまだ程遠い。法形成の役割を果たしながら、いかにして討論（アリーナ）機能を確保していくかという点でも、わが国の国会は多くの課題を抱えているのである。

　このような点から、国会を論じる際、ともすれば評価の基準に混乱がみられることを指摘しておかなければならない。議会は「立法府」であることから、無前提に立法作業を行う議会（変換議会）を理想化する議論が多く、日本の国会について必ずしも妥当な評価がなされてきたとはいい難い面がある。しかし、アリーナ議会という別の基準でも機能は必ずしも高くはなく、そこでも問題は多そうである。

2-4　内閣提出法案と議員提出法案

　法案は国会への提出者の違いから、内閣提出法案と議員提出法案に大別することができる。また議員提出法案は、さらに衆議院議員提出法案と参議院議員提出法案とに分けることができる。いずれも重要であるものの、国会に提出される法案の多くは内閣提出法案であり、またその成立率は議員提出法案に比べ高くなっている。

● 内閣提出法案と内閣法制局

　内閣提出法案の成立率は、年（国会回）によってばらつきはあるが、相対的に高く9割以上となることも珍しくない。通常、内閣提出法案の法文は、各省庁の職員が作成する。法案作成にあたり、省内での検討が行われることは勿論のこと、与党議員への説明や時として省庁間や関係団体との間で交渉が行われる。

　内閣提出法案は、省として決定する前に内閣法制局でのチェックを受けることになっている。内閣法制局は各省庁の官僚が作成した法文の適法性や他の関連法規との整合性を図る観点から審査を行い、その判断によって法案が修正される場合もある。内閣法制局は立法過程の表舞台に登場することは多くないが、その点で極めて重要な役割を果たしているということができる。また単に省庁の作成した法文の審査を行うだけでなく、憲法解釈をはじめとした日本政治の方向性を左右する可能性のある重要な局面でも内閣に助言したり、政府見解の原案を作成することもある。たとえば、憲法第9条をめぐる解釈が戦後何度となく変わってきたことは有名であるが、この政府見解の作成にあたっても内閣法制局は大きな役割を果たしてきたのである。

　内閣提出法案は、省議決定・大臣決裁を経て閣議決定されることに

なるが、ここに至るまでの過程において、与党議員の関与は無視できない（2－9参照）。55年体制下においては、内閣提出法案の閣議決定以前に与党による法案の事前審査が行われてきた。いわゆる与党審査である。与党に了承された法案が国会に提出されることから、与党議員の政府に対する不満は最小限に抑えられ政権は安定しやすくなるが、その反面、族議員によって法案が骨抜きにされるとの批判もある。政権交代後、与党審査が廃止され政策決定の一元化が図られたこともあったが、現在では再び党による事前審査が行なわれている。

● 議員提出法案とその制約要因

　国会が「唯一の立法機関」とする憲法の規程を持ち出すまでもなく、国会議員自身が法案を検討し国会に提出することが期待されている。しかし内閣提出法案に比べ、衆議院議員提出法案、参議院議員提出法案ともに国会への提出数は少なく、またその成立率も低い。

　その背景の一つに議員提出法案に関する厳しい発議要件がある。当初は議員提出法案に関する発議要件は存在していなかったが、現在では議員が議案を発議するためには、衆議院においては議員20人以上、参議院においては議員10人以上の賛成を要することになっている。また予算を伴う法律案を発議するためには衆議院においては議員50人以上、参議院においては議員20人以上の賛成を要することになっている（国会法第56条1項）。これだけの人数を確保できない小政党にとって議員立法は容易ではない。

　このような国会の制度上の制約に加え、議員が法案を提出しようとする場合、政党自身の設けるハードルも越えなければならない。通常、議員個人が法案を提出しようとする場合、各党は事前にその内容を審査することになっている。この審査を経なければ議員は事実上法案を提出できないのである。

　また、議院法制局の果たす役割も無視出来ない。内閣提出法案を提出する場合の内閣法制局と同様に、議員立法をサポートする組織とし

て衆・参それぞれに議院法制局が設けられている。議院法制局は、議員提出法案の起草からその審査にまで関わるが、合憲性や他の法律との整合性を厳格に審査するため、本来議員立法に資するはずの組織が、逆にそのハードルのひとつになっているのではないかと指摘されることもある（大山a、1997／渋谷、1994）。

　もっとも内閣提出法案に比べ、議員提出法案の数が少なかったとしても、それだけを以って直ちに国会が機能していないと結論付けるのは必ずしも適切ではない。わが国は政府と与党の関連を前提としている議院内閣制を採用しているため、与党の見解が内閣提出法案となって多く国会に提出されるのはある意味で当然だからである。ただ議員立法には、野党が議員提出法案という形で政府・与党の対案を提出することで、国民に対し争点をより明確に提示するという重要な役割があることを忘れてはならない。議員提出法案の制約要因をどこまで緩和するかは今後検討の余地がある。

2-5 会 期 制

　日本の国会については、「国会無能論」が根強く存在している。だが、野党がある程度、法案阻止の機能を果たしているとする見方もあって、評価は単純ではない。ただ、その場合も国会の審議機能が高いとはされておらず、審議を阻むいくつかの要因が指摘されている。その1つが厳格な会期制である。

● 会期制と会期不継続の原則

　日本の国会の特質を考える上で、会期制は重要である。わが国の国会には、常会（通常国会）、臨時会（臨時国会）、特別会（特別国会）と3つの会期があり、基本的にそれらは独立しているため、他国に比して会期が断片化している。個々の会期が自己完結的なものとなっているのであり、審議が途中の法案を次の国会に継続させることを原則的に行わない（国会法第68条）。これを会期不継続の原則という。このため、会期末までに審議・採決が終わらなかった法案は審議未了廃案となる。但し、国会法第47条第2項により、常任委員会及び特別委員会は、各議院の議決で特に付託された案件を閉会中に審査することが出来ることになっており、この場合には当該案件を後会に継続させることになる。

　このように、国会は厳格な会期制を原則としているため、基本的に各国会で審議を完結させねばならず、審議時間が制度上、窮屈なものになっている。国会は、委員会における定例日制をはじめとした、さまざまな制度や慣行によって、法案の審議・審査に用いることのできる時間が当初から限られているが、会期が断片化しているためさらに窮屈なものになっているのである。政府・与党は行政の責任者として、

この限られた時間の中で年間100本近い法案を成立させなければならないわけだが、これは必ずしも容易なことではない。

● 野党の「抵抗政党」化

こうした会期制を背景として、これまでの野党は政府・与党に抵抗する場合、討論をすることではなく、審議時間のコントロール、つまり時間かせぎをするという戦術に頼ってきた。議場封鎖や「寝る」といわれる審議拒否、「つるし」などによって審議時間をさらに減少させるのが、それである。このような時間かせぎにより、政府・与党は行政の遂行に不可欠な法案まで成立させることができなくなってしまうため、野党に対し一定の譲歩を示すことになる。この「取引き」の結果、55年体制下においては、内閣提出法案の20％近くが成立しないできたのである。

そうした与野党間の交渉に着目すると、単なる「ラバースタンプ」と非難されている国会でも、野党が「審議をしない」という選択をすることによって、国会が法案の成立を阻止しており、消極的な形で立法機能を果たしていたという評価もなされてきた。しかし、このような機能を認めたとしても、国会が討論の機能を失っていることには違いない。

2-6　本会議と委員会

　戦前の帝国議会は、イギリスにならい、本会議中心の読会制を採用していた。法案の趣旨説明から採決に至るまでを、本会議を中心とした審議によって進める制度である。通常、①法案の提案理由を説明し、審議を行うか否かを決める第一読会、②逐条審議を行う第二読会、③法案の採決を行う第三読会、から成る。典型的な読会制は、イギリスで採用されてきたが、イギリスは現在も本会議中心の三読会制となっている。戦前の帝国議会においても、この三読会制が採用されていたが、わが国の場合、法案の委員会への付託は、第二読会の後ではなく、第一読会での法案の趣旨説明終了後に行うこととされていた。

　このような読会制を基本とした議事運営は、戦後、GHQの指令によって大きく変わることになる。当初、日本政府は戦前よりも委員会審査を重視していくとしながら、法案の趣旨説明を行う第一読会は残す方針でいた。しかし、GHQ側から戦前の議事手続きの抜本的な改革を求められ、戦後の国会では読会制は姿を消すこととなったのである。

　GHQが日本側に求めてきたのは、アメリカ議会が採用していた委員会中心主義の導入であった。アメリカでは、政党による所属議員の拘束力が極めて弱いので、政党間の討論によって政策が形成されるというよりは、個々の議員が自らの判断に従って立法活動に従事することが多い。そのため多くの議員を構成員とする本会議では、法案の審議を行なうのは事実上不可能である。そこで、委員会審査を中心とする議事運営が次第に確立されていくようになった。従って、委員会中心主義は、大統領制と強い関連性のある制度なのである。

　ところが、戦後わが国は、GHQの指導の下、こうしたアメリカ流の委員会中心主義を採用することになった。党議拘束の有無など、制

度面でかなり異なる日本の国会に、アメリカ的制度が「接ぎ木」されたのである。

　現在の国会では、提出された法案は、提出者から委員会審査につき省略の要求が為されない限り、議長によって直ちに所管の委員会に付託される。委員会で実質的な質疑・討論が行われた後、法案は本会議に上程され、最終的に採決される。

　アメリカでは委員会で否決された法案は本会議に上程されないので、委員会はきわめて強力な権限を有している。日本では委員会にそこまで強い権限は与えられていない。委員会はあくまで予備的な審査機関とされているのであり、そこで否決された法案も本会議にまわされ、本会議で賛成多数となれば、その院では通過となる。これを逆転可決という。委員会は、あくまで予備審査機関なのである。

　しかし、委員会中心主義を採用し、法案の実質的な審査を委員会で行う場合、本会議での審議は形式的なものに過ぎなくなる。わが国の国会でも、事実上本会議の審議ではなく、委員会における審査が、法案の成否を大きく左右することになっている。

　だが、わが国ではその委員会でも充実した審査が行われてきたとは必ずしもいえない。各委員会には、予め開会される曜日が定められる定例日制が採用されているためである。定例日制に法的拘束力はないが、実際には定例に従い、多くの委員会は週2〜3日程度しか開かれていない。これが委員会審査の充実を妨げている大きな要因となっている。

　また国会では、厳格な会期制の下、野党が審議引き伸ばし戦術を用いることで、委員会審査を阻害することもある。通常、法案は提出後、直ちに委員会に付託されるが、重要な法案の場合、委員会審査に入る前に本会議を開き、提出者による趣旨説明を行うことができる。野党はこの制度を利用し、重要でない法案を含め、次々に本会議での趣旨説明を要求し、対決法案が委員会での実質的な審査に入ることを阻止しようとする（いわゆる「つるし」）。委員会中心主義を採用する日本の国会にとって、委員会の審査機能の充実は無視できない課題となっている。

2-7　衆議院と参議院

　国会は衆議院と参議院から成る二院制を採用している。戦前の帝国議会も二院制であったが、衆議院は選挙で選出された議員によって構成されていたのに対し、貴族院は選挙によらない議員から構成されていたので、両院の性格は自ずと異なっていた。戦後、貴族院は参議院となり、二院制自体は存続したが、両院とも選挙で選出される議員から構成されることになったため、帝国議会とは性格の異なる二院制となった。

● 衆議院の「半」優越

　戦前の帝国議会では、衆議院と貴族院はほぼ対等であったが、戦後、両院の権限関係は抜本的に見直され、衆議院の優越が憲法で規定されることになった。

　しかし、優越性の程度は案件によって異なる。例えば、予算の議決、条約の承認、首相の指名の3つについては、無条件に衆議院の優越が定められている。予算の議決について両院の議決が異なる場合には、衆議院の議決が優先されることになる。また、法律案とは異なり、予算案は衆議院に先議権が認められている。条約については、上院にしか承認権を認めていない米国とは異なり、両院に承認権が認められているが、両院間で意見が異なる場合には衆議院の議決が優先されることになっている。また議院内閣制であることから、国会の中から首相を選出することになるが、衆参の指名が異なる場合には衆議院の指名が優先される。もっとも、これは首相が衆議院議員に限定されることを意味しているわけではない。規程上は国会議員の中から首相を指名することになっているから、仮に衆議院で参議院議員を指名すれば、

参議院議員の首相が誕生することになる。同じ議院内閣制を採用していても、下院（庶民院）議員しか首相になれない英国とは異なっている。

　一方、法律案の議決に関しては、衆議院の優越の程度がやや限定されている。衆議院で可決し、参議院で否決した場合、衆議院で再議決し3分の2以上の議員が賛成すれば法律が成立するのであり、この仕組みは一般に衆議院の優越として理解されている。しかし、衆議院で与党が3分の2以上の議席を占めていることは歴史的にみても稀で、参議院で否決されると法案は廃案となる。その点からすれば、参議院には事実上の「拒否権」があるわけで、単純に衆議院が優越しているといいきれない面がある。

　この点から、衆議院の優越は全面的なものでないことを強調して、衆議院の「半」優越と評する論者もいる（加藤c、2013）。参議院で与党が過半数割れとなっている「ねじれ国会」において、与党側が国会運営に窮するのは、法案の議決における優越が限定的なことに起因しているからである。衆議院で多数を占める側は、首相指名での衆院優越に基づき政権を樹立できるものの、法案の議決には参議院でも過半数が必要だからである。仮に、与党側が衆議院で3分の2以上の多数を占めていても、すべての法案を再議決で成立させるわけにはいかないと考えられている場合は、国会運営に窮するのである。

　他に両院の権限の重要な相違としては、内閣不信任決議権が衆議院にのみ認められていることがある。衆議院で不信任決議が可決されると、内閣は総辞職か衆議院解散のいずれかを選択しなければならなくなる。これと似たような権限として、参議院にも問責決議権がある。ただ、問責決議には法的な拘束力がないため、不信任決議ほど内閣に対するインパクトはなく、単に世論喚起という意味合いが強い。

● 両院関係の改革

参議院は衆議院のカーボンコピーに過ぎないとの見方がある。しか

し、改革の仕方次第では参議院が独自性を発揮することは十分可能である。例えば、現在両院関係の多くは国会法に規定されているため、各院独自の組織や運営を変更するためには法改正を行なわなければならない。これが国会改革を阻む一因となっている。各院独自の組織・運営の多くは、国会法ではなく、議院規則等で規定する必要がある。また、各党は両院に同一の党議拘束をかけているため、二院制のメリットを必ずしも発揮できないでいる。党議拘束のあり方を抜本的に見直すことも不可欠である。あるいは、予算に関しては衆議院の優越が確立しているが、決算に関しては、衆参ともに審議が活発となっていないのが実状である。税の無駄遣いを少なくするためにも、参議院で決算を重点的に審議・審査するといった視点も求められよう。

● 衆議院の解散

　議院内閣制を採用する国では、一般に議会と内閣の間の対立が深まった場合、内閣総辞職か議会の解散かにより事態の打開が図られる。わが国では憲法第69条にその規程があり、優越した地位にある衆議院が内閣不信任を可決させると、内閣は総辞職するか、衆議院を解散しなければならない。

　ただ憲法第7条にも、「内閣の助言と承認による」天皇の国事行為の一つとして「衆議院の解散」が挙げられており、これを根拠に69条のケース以外にも解散が多く行われている（7条解散。それに対し69条に基づく解散は69条解散という）（加藤c、2013）。

　日本ほどではないものの、イギリスなどでも内閣の判断で解散が行われてきた。だが、2011年に「議会任期固定法」が成立し、任期満了の総選挙を原則とすることが明確になった（小堀、2013）。これにより日本の制度はかなり例外的なものとなった。

　日本とは反対に、ドイツは解散を69条の場合のように厳しく限定しており、解散も少ない。その少ない解散は、「信任案の否決」という方法でなされている。与党側が与党議員の一部を欠席させ、野党側が

多数になる状況をつくり出して、解散に持ち込む方法である。与党が
メンツを保持しながら解散に持ち込むものである。日本の憲法第69条
にもこの規程がある。

2-8　両院協議会

　参議院は権限が弱いとの評価が根強く存在している。しかし、この見解は誤解を招きやすい。いうまでもなく憲法では、衆議院の「優越」が規定されてはいるが、実際には参議院の権限には強い一面がある。首相指名・予算議決・条約批准では衆議院の優越が規定されているが、法律案の審議では原則対等である。衆参の議決が異なった場合、衆議院で3分の2以上の多数で再議決すれば法律を成立させることが制度上は可能であるが、それだけの議席を与党が占めるのは実際には難しい。その場合、衆議院で可決した法案も、参議院で否決されると事実上廃案になるわけで、参議院は「拒否権」にも似た強力な権限を有しているということになる。

　そのことから、結果的に与党側は衆議院だけの過半数ではなく、参議院での過半数確保に留意するようになった。衆参とも与党が過半数をおさえている必要があり、そのための対応がなされてきた結果、「カーボンコピー」のようになったというのが実状である。自民党が公明党と連立してきたのも両院での過半数の確保のためであった。参議院で与野党が逆転したり、伯仲した時に、格別の国会対策をして野党を懐柔したのも同じ理由のためである。

● 両院協議会

　衆参の議決が異なる場合、憲法の規程により両院協議会の開かれることがあるが、この両院協議会も国会法の規程と国会特有の先例のために機能不全に陥っている。

　両院協議会は、憲法には詳細な規程がなく、そのほとんどが国会法に委ねられている。国会法によると、協議会は衆参両院の各10名の委員か

ら構成されることとなっている（第89条）。そして、出席委員の3分の2以上の多数で協議案は成案となることが定められている（第92条）。しかし慣例上、委員の選任は各院の議長に委ねられており、通常は各院議長が賛否の一方からのみ10名を選んでいる。つまり、可決した議院では賛成した会派から、否決した議院では反対した会派からそれぞれ10名の委員を選んでいるのである。そのため協議会での表決では賛否同数となり、しかも委員が所属政党から党議拘束を受けているため、議論は平行線をたどり、協議案は事実上ほとんど成立することはない。アメリカなどでは重要な役割を演じている両院協議会も、わが国ではこの非現実的な慣例を放置しているために、機能できないでいるのである。

　このように参議院は事実上の強い権限を有しているが、このことは参議院に解散がないこともあって、難しい問題を引き起こしかねない。特に、衆参のねじれが生じた場合、打開の方策を見い出しにくくなることは大きな問題である。現に、2007年の参院選での与野党逆転により、そのような事態が生じている。

　こうした問題に対し、斎藤十朗参議院議長の私的諮問機関が2000年に答申を出しており、そこでは、衆議院での再議決に際しての可決要件を過半数に緩和する、再議決には一定期間をおく、などの提案がなされている。参議院の権限を弱めるものだが、その上で参議院が衆議院とは別に自由に審議できるようにすることを狙った提案である。

　また、衆参には別の役割が期待されているが、国会法は衆参を一律に規定しているため、各議院が自由に自らの議院の規則を制定できなくなっており、自律性が制約されている。院の組織や運営の多くは、議院の規則（衆議院規則、参議院規則）に委ねられてよい。

　同時に、狭義の国会制度以外にも問題がある。先述のように与党が厳格に事前審査を行うため国会審議が形骸化しているが、加えて両院にまたがる党議拘束も問題である。わが国では、各党が衆参両院議員に対して同一内容の党議拘束をかけており、先議院の通りに後議院も決定することを強いている。これが両院制の意義を低下させているのである。

2-9 **党議拘束と与党審査**

　党議拘束とは、党の所属議員に対し、党決定に従うよう求めることである。臓器移植法案のように党議拘束がかけられない事例もあったが、通常はどの政党も党議拘束をかけるのが一般的である。議院内閣制では、政党が党議拘束をかけている国が大半である。しかし、日本では党議拘束のかけ方が他国とは異なる。諸外国と比較してみると、極めて早い時期に党議が決定されていることが第一の特徴である。日本と同じ議院内閣制を採用するイギリスでは、党議拘束は採決時にかけることが多い。法案審議段階では党議拘束がかかっていないために、議会内で与党の議員が政府の方針に異議を唱えることも少なくない。しかし、日本では国会審議以前に党議拘束がかかるため、個々の議員が自らの考えに基づき自由に発言することはほとんどない。また、各政党が、衆議院・参議院の所属議員に対し同一の党議拘束をかけていることも問題である。与党審査が厳格に行なわれていることに加え、こうした党議拘束のかけ方にも問題があるため、国会審議が形骸化してしまうと指摘されている。

● **自民党の与党審査**

　大半の法律案は、省庁など行政機構で作成されるが、策定後、与党内の法案審査を経なければならない。各省庁の法律案は、閣議に諮る前に与党審査を受けるのが慣例となっている。

　自民党政権の場合、各省庁は法律案を自民党政務調査会に提出するその審査が終了すると、政調審議会、総務会に送り、そうした流れの中で与党による決定手続きを踏むのである。与党審査を経た法案は閣議に諮られた後、閣議決定され、内閣提出法案として国会に上程される。連立政権（2009年9月まで）の場合、自民党は党内でこのプロセ

スを進めながら、連立のパートナーである公明党との交渉を同時に進めており、その過程はさらに複雑になっている。

　与党審査は、自民党政権の場合、中心となっているのは政務調査会（政調）である。政策審議機関である政調で、実際に審議の中核を担っているのは（政調の）部会である。部会は原則として各中央省庁に対応する形で各政策領域に応じ複数設置されている。省議決定された法律案は関係する部会に送られ、審査される。実質的な審査が終わると、政調審議会、総務会へと回され、党議決定が下される。

　従来は、法案作成は官僚主導との認識が支配的であり、「官僚優位説」が辻清明などによって唱えられてきた。しかし、政調主導の政策決定はこの常識を覆す新たな議員像を生み出すことになった。与党議員の中には特定の部会に長年所属することで政策形成能力を向上させ、また副部会長や部会長を歴任することで内外から特定の政策領域に関して有力者であるとの評価を得る議員が登場することとなった。これがいわゆる「族議員」である。各省庁は族議員の協力を得なければ、自らの考える法案を成立させることができないため、族議員は政治主導で重要な役割を果たしているといえる。この点に注目して、村松岐夫らが「政党優位説」を唱えた。

● 与党審査のプロセス

　政務調査会での審査を経た法律案は、総務会へと送られる。総務会は全党的な審議機関であると同時に、幹事長・政調会長など主要党役員が出席することから、事実上、党の最高意思決定機関になっている。

　総務会では、部会長が政務調査会での審議を経た法律案の説明を行なう。この際、関係省庁の局長が補足説明を行なうこともある。しかし、総務会の政策審議は、形式的審議に終始することが多い（村川、2000）。総務会の役割は審議することではなく、決定することにある。ここでの決定が党議決定となり、以後党議拘束がかかることになる。閣議以前であり、諸外国に比べかなり早い段階といわなければならない。

2-10 国対政治

　立法過程において、法案審議のスケジュールを決めることは重要な意味を持つ。その主たる舞台となっているのが、国会対策委員会（国対）と議院運営委員会（議運）である。国対と議運は混同されることもあるが、議運は国会に設置された常任委員会の一つであり国会のフォーマルな組織である。それに対し、国対は政党内部に置かれた組織であり、国会のフォーマルな組織ではない。どちらも議事運営の決定に重要な役割を果たしているが、特に国会審議が紛糾し、その解決が容易でない時などには国対の果たす役割は無視できない。

● 議院運営委員会と国会対策委員会

　55年体制下においても、議事運営や政策の内容をめぐる与野党間の合意形成は少なからず行われていた。国会の制度上、議事運営などについての会派間の交渉を円滑に進めるために常任委員会として議院運営委員会が設けられている。議運は国会のフォーマルな制度であるので、そこでのやりとりは原則として公開される。しかし、議事運営の在り方を決定し、政策のどこをどのように修正するかといった取引きは、しばしば各政党の立場・メンツそのものに関わる事案ともなるため、公開の場で議論し決定するといった方法をとることは現実には難しい。そこで議運では、他の委員会と同様、非公開とされる理事会で事実上方向性を決定するようになる。ところが理事会は理事を選出できない小会派もオブザーバーとして出席することができるため、小会派の参加を排除するために、理事会ではなく理事懇談会で議事運営についての実質的な議論を行うことも少なくない。こうして、議運は国会のフォーマルな制度であるにもかかわらず、議事運営の方向性は公

開性の低い形で決定されるようになる。

　さらに、与野党協議が紛糾し議運での解決が難しい時には、しばしば国対での解決が図られる。政党の機関である国会対策委員会で与野党間の実質的な交渉が行われ、国会運営の方向性が決まるのである。これがいわゆる国対政治である。国対は国会ではなく政党の機関であるため、ここでの議論は公開する必要がなく、文字通り密室の中で取引が行われる状態となる。また、これにより国会審議が形骸化するといった問題点が指摘されることもある。

　これまで、政策形成が密室で行われることを是正するため、国対での取引きを廃し、議事運営は国会の正規の制度である議運に委ねるべきであるという改革が度々提案されてきた。しかし、政党間の実質的な交渉を行おうとすればするほど、非公開での調整の場が求められ、かくて国対政治は批判されながらも、日本政治において一定の役割を果たしてきたのである。

● 変換機能と国対政治

　議会には、変換とアリーナという大きな役割がある（*1-6*参照）。政府によって提出された法案があまり修正されることのないイギリス議会とは異なり、わが国の国会は55年体制の成立以降、与野党間の交渉を通じた合意形成が重要な意味をもってきた。その点で、わが国の国会は変換議会としての性格をある程度有していたと評価することができる。通常、政党間の交渉をより実効性のあるものにし、変換能力を高めるためには、公開性の低い調整の場が不可欠となる。その点からいえば、変換機能を果たすということと、国対政治が一定の役割を果たしてきたということは無関係ではない。

　いわゆるねじれ国会の状態になると、法案を通すために与野党の合意を形成するためさまざまな交渉や取引が必要となる。政党間の合意形成の実効性を確保しつつ、その過程を国民にどこまで、どう示していくかが国会の抱える課題となっている。

2-11　戦前の日本の政党

● 戦前の政党

　わが国で政党が成立・発展したのは明治以降のことである。明治維新の中心勢力は、薩摩・長州・土佐・肥前の４藩だったが、薩長両勢力が次第に実権を握るようになった。出身藩に依拠した派閥による政治ということで、「藩閥政治」と呼ばれる。

　これに対して、批判勢力は政党を結成し対抗していく。自由党・改進党などが「民党」と呼ばれたのは、藩閥政府に対抗するという意味からである。最初の政党は板垣退助らが1874年（明治７年）に結成した愛国公党である。背景には、薩長勢力に対する土佐・肥前藩出身者の不平不満があり、彼らは民撰議院設立建白書を提出し、これが自由民権運動の発端となった。この党はその年の内に解散させられたが、自由民権運動の中核となり、のちに自由党へと発展していくこととなる。

　1881年（明治14年）には、国会開設の勅諭が出される。そこで同年、板垣らが自由党を、翌年には大隈らが立憲改進党を結成した。自由党は地方農村を基盤とし、士族・豪農商層を中心としていたが、次第に貧農層に拡がり、急進的な性格を帯びていった。改進党は有産者層・知識層を基盤とし、漸進的であった。一方、政府も福地源一郎らに立憲帝政党という御用政党を結成させている。自由・改進両党は数年で解党同然となったが、のちに自由党は政友会に、改進党は民政党へと引き継がれる。

　明治政府は、1885年（明治18年）の内閣制度創設、89年（明治22年）の憲法発布、90年（明治23年）の帝国議会開設と、次第に政治制

度を整えていった。明治憲法は、天皇の下での立憲政治という立憲君主制をとったが、実際には天皇の役割は限定されていた。天皇は、藩閥支配に正当性を付与するだけの名目的権威にとどまり、実際の政治は藩閥政府と反藩閥勢力の間の対立と妥協を軸に展開された。「藩閥政府」対「民党」という図式ができあがったのである。

　1890年の帝国議会開設に先立ち、藩閥政府は重大な方針を明らかにした。いわゆる超然主義である。超然主義とは、「政府は常に一定の方向を取り、超然として政党の外に」立つことをいい、政党の動向に制約されることなく、独自に政策実現を図る方針を意味する。藩閥政府は、政党勢力に敵対する姿勢を明確にしたのである。しかし、政党勢力の伸長を抑制しようとした政府の思惑にもかかわらず、政党は衆議院で次第に勢力を伸ばしていくこととなる。

　帝国議会は、制度上、天皇の協賛機関でしかなく、法律案も議会を通過しただけでは法律となるわけではなかった。首相が天皇に裁可するよう上奏し、天皇がそれを許可してはじめて法律となったのである。形式上は天皇に拒否権が認められる形となっていたのである。しかし実際には、議会を通過した法案はそのまま法律にするのが慣例となっていた。近代的な議会政治に近い運用がなされていたのである。したがって政党が勢力を増してくると、藩閥勢力も対応に苦慮させられた。当初は超然主義の立場をとっていた伊藤博文も、やがて政党勢力との妥協・提携を模索するようになった。さらに1900年（明治33年）、伊藤は政友会を結成して、自ら政党政治にのりだした。

　1913年（大正2年）に大正政変が起きると、反政友会勢力は立憲同志会を結成し、ここに二大政党の構図が整った。同志会は、のちの憲政会―民政党という系譜に連なる勢力である。この勢力が政友会に対抗し、交互に政権を担当し、「憲政の常道」の時代へと発展していくことになる。

　1918年（大正7年）に、立憲政友会の原敬を首班とする本格的な政党内閣が誕生した。もっとも1898年（明治31年）に、大隈重信を首班

とし、板垣退助を内相とする隈板内閣があり、これも政党内閣であった。しかし、それは、きわめて脆弱な内閣で、半年も経たないうちに崩壊してしまったので、事実上、原敬内閣をもって最初の政党内閣ととらえるのが一般的な理解である。

　このように政党内閣は次第に発達し、大正デモクラシーとなっていったが、1932年（昭和7年）の5・15事件で犬養内閣が倒れ、政党内閣の歴史は中途で幕を閉じることになる。

2-12　戦後の日本の政党

● 戦後日本の政党制と保守党支配

　戦後10年近く、各政党の間で複雑な離合集散が繰り広げられた。しかし1955年（昭和30年）には、革新勢力の側でそれまで分裂していた左右社会党が統一し、日本社会党となった。それに刺激を受けた保守勢力の側でも、同年自由党と日本民主党が合同し、自由民主党が成立したことで、二大政党らしい構図ができた。その後数十年間にわたり、この2党が政治に大きな影響力を発揮してきたので、これを「55年体制」と呼ぶ。

　この政党制は二大政党制に近いものとしてはじまったが、当初から両政党の勢力比に開きがあり、政権交代の現実的な可能性はきわめて乏しいものであった。1½政党制とも呼ばれたのはこのためである。このように自民党が長期にわたり単独で政権を担当し続けてきたことは、55年体制の1つの特徴である。

　その後、社会党の議席率が低下し、また野党陣営の間では多党化が進行した。そうした背景の下、1993年（平成5年）まで自民党はほぼ単独で政権を担い続けてきたのである。サルトーリ（G. Sartori）の類型でいう一党優位制にあたる。

　1993年、自民党単独政権は崩壊し、非自民連立政権が誕生した。しかし、その後自民党は政権に復帰し、また連立政権を構成する政党は何度となく入れ替わっているが、現在にいたるまでほぼ連立政権が常態化してきた。

　戦後の日本に特徴的なのは、世界でも稀な保守政党の長期支配であった。こうした保守党による統治体制が有効に機能してきた理由と

しては、1つにはそれによって実際に日本国内の格差が是正されてきたことがある。明治以来急速な近代化を進めてきた日本には、産業間、あるいは都市—農村といった地域間で、さまざまな格差が生じていた。多くの日本人は、こうした格差を是正することに強い関心をもっていた。保守党政治家は補助金の配分をはじめとして、格差の是正に役立つ方策の実現に柔軟に対応し、有権者の支持を得てきたのである。

　また、自民党が財界から多額の政治献金を受け、官僚機構から人員をリクルートするという形で、きわめて安定した基盤を形成できたという点も指摘することができる。加えて長期政権化により、利益集団はもっぱら自民党を通じて利益の実現を目指すようになっていたことも無視できない。保守政党の議員は、官僚機構との親密な関係をルートに、ロビイストでもあるかのように行政府へ働きかけをし、その見返りとして票と資金を得てきた。与党であることで補助金などを有利に配分し、それを選挙の集票機構にするという構図である。

　保守政党の議員は、地方では地域の有力者の義理・人情をからめた支配構造で支えられていた。地元利益の要求は、有力者から保守党議員を通じて官僚へ、というルートで表出されていた。そしてこれが自民党候補の選挙地盤となっていたのである。野党議員は利益代表の点で評価が低くならざるをえなかった。政権交代が起こらなかった一因は、こうした点にもある。

　また後援会はそもそも特定の候補者を応援するための組織である。しかしそれは同時に選挙区有権者の利益を実現するための装置でもあるので、後援会の側も議員を必要としており、その議員の引退後は後継者を立て組織の維持を図ろうとする。近年その増加が指摘される、二世議員などの世襲議員は、こうした背景の下、誕生してきたのである。

　一方、保守政党の長期政権が続くなかで、野党は実質的な政策形成過程から疎外され、各支持団体の要求を政治の舞台へ乗せる役割を果たすだけとなっていた。旧社会党がかつて「労働組合政治部」といわ

れたように、利益集団の政治部門のような性格が濃くなり、政策への影響は乏しくなっていたのである。

　1993年からはほぼ連立政権が続いているが、衆議院の選挙制度に「並立制」が導入されると政党の再編が進み、二大政党制に近い構図になってきているとの見方もある。

2-13　衆議院・参議院の選挙制度

　わが国の衆議院では長らく中選挙区制と呼ばれる独特の選挙制度が採用されてきたが、1994年の法改正で小選挙区比例代表並立制が導入された。また参議院では、2000年に比例代表制が厳正拘束名簿式から非拘束名簿式に改正された。

● 衆議院の選挙制度

　旧中選挙区制とは、1選挙区から3～5人が当選する制度であるが、有権者は1人にしか投票できず（単記制）、得票の多い順に上位から定数の数だけ当選させるものであった。

　そこでは中小政党も議席獲得のチャンスがあったが、大政党は複数の当選者を出さないと単独政権を形成できないので、同一選挙区に複数の候補を擁立していた。そのため同じ政党の候補者間で争う、いわゆる「同士討ち」が生じ、選挙に多額の政治資金を要することとなった。この状況はしばしば政治腐敗を招いたが、それ以上に重要なのは、党内に派閥が生じることであった。派閥の存在により少数利益の代表が比較的容易になり、また与党・自民党内の複雑な派閥の力学が生じたため、利益集約が難しくなるという状況の生じることがでてきたのである。日本政治の特徴のひとつでもある問題の「先送り」がしばしば生じてきた背景には、こうした派閥政治の存在もある。

　大選挙区単記制（中選挙区制）は、1994年に小選挙区比例代表制並立制に改められた。小選挙区制で300人（現在は295人）、比例代表制で200人（現在は180人）と、小選挙区制の比重が大きいので、回を重ねるにつれて政党本位の小選挙区制の特徴がより明確に出るようになっている。したがって、この点だけでは利益集約が強化されてきた

といえよう。

　ただ、部分的に権限が対等の地位にある参議院が別の選挙制度を採用しているので、事情は単純ではない。参議院は、都道府県単位の選挙区選挙と比例代表選挙からなり、選挙区選挙は改選数1～5と幅があり、しかも単記制なので、旧中選挙区制と似た面がある。また、比例代表制の部分は、少数利益の表出の容易な制度である。全体としてみた場合、参議院は利益集約の上では強力でないといえよう。

● 参議院の選挙制度

　参議院の現行選挙制度は、都道府県単位の選挙区選挙と比例代表選挙から成る。比例代表選挙は、当初は厳正拘束名簿式であったが、2000年に非拘束名簿式に改革された。厳正拘束名簿式は、有権者が政党名に投票することから、政党本位の選挙を実現し、選挙で政策論争の生じることが期待された。また、かつての全国区よりも選挙に金がかかりにくいとの指摘もあった。しかし、各政党が候補者名簿を作成する際に、優先順位をめぐる候補者間の激しい争いが生じ、これに伴う汚職事件もおきた。また、名簿の優先順位は、有権者の意向を必ずしも考慮して作成されるわけではないので、当選者の決定に有権者の意見が尊重されていないといった問題点も指摘された。

　2001年の参議院選挙から導入された非拘束名簿式は、得票の多い候補者から当選が決まるので、厳正拘束名簿式のように、各党が候補者の名簿順位を決める上での困難さはない。しかし一方で、異なる政党の間で、個人票の得票の多い候補者が落選し、得票の少ない候補者が当選するといった矛盾が生じたり、タレント候補が乱立する可能性があることなどが指摘されたりもしている。

2-14　予算の編成過程

　政策は法律的な根拠とともに、予算の裏付けがあってはじめて実施できる。予算決定も重要な立法過程の一部をなすものであり、通常の法案以上に重要とさえいえる面がある。予算の争奪が政界劇の多くを占めていることをみると、その重要性が理解されよう。

　議員にも提出権が認められている法律案とは異なり、予算の原案を国会に提出できる権限は、内閣に限られている。また、予算の先議権は衆議院にあり、衆参で異なる議決をした場合には衆議院の議決を優先させるなど、予算に関する衆議院の優越が憲法上規定されている。

　予算編成作業は、マクロ編成とミクロ編成の2つに大別できる。マクロ編成とは、歳出予算総額の大枠を定め、これに合わせ歳入予算を編成し、公債発行の規模や税制改正の要否などを決定する過程を指す。一方、ミクロ編成とは、各省庁から提出された概算要求を査定し、歳出予算の構成を細目に至るまで決定する過程である。

　従来より内閣は予算編成作業を財務省（主計局）に担わせてきたが、これは戦前のシステムを踏襲したものである（小島、1976 / 村松、2001）。わが国の予算編成作業は財務省主計局が中心となって進められてきた。しかし2001年の省庁再編のなかで内閣府に経済財政諮問会議が設置された。これは、政治主導の予算編成を目的としたものであった。同会議は、首相・経済関係閣僚のほか、首相が選任した民間人から構成され、ここで予算編成の基本方針が決められる。官僚が関わる以前に、政治主導で予算の大枠を定めようというものである。経済財政諮問会議によって予算の全体像が示されると、財務省がそれを反映した予算要求の基準を各省庁に提示する。

　これを受けて、各省では各局の総務課が各部局の要求事項を検討し、

それを官房会計課に伝達する。官房会計課では省としての予算要求を取りまとめ、8月末に各省庁はそれぞれが必要とする予算を概算要求として財務省に提出する。その後9月から3ヵ月あまりにわたり、財務省（主計局）が概算要求の査定を行なう。原則として、財務省の予算査定はインクリメンタリズム（漸変主義）に従い行われてきた。インクリメンタリズムとは、前年度の予算を基準として、これに僅かな増減を図ることで決定を行う方式である。

　概算要求の査定の後、12月の中旬頃に財務省原案が各省庁に内示される。この内容をめぐって、各省庁と財務省主計局との間で復活折衝とよばれる再調整が行なわれる。各省の総務課長と財務省主計局主査の折衝（総務課長折衝）、局長と主計官の折衝（局長折衝）、事務次官と主計局次長の折衝（次官折衝）を経て、大臣と主計局長の折衝（大臣折衝）が行なわれる。12月下旬になると予算を主たる議題とする閣議が開かれる。これが予算閣議である。予算閣議に復活折衝の結果が報告され、予算案が閣議決定される。予算案は1月に召集される常会に提出され、衆議院予算委員会での審査に付されることになる。ここから国会における予算決定の政治過程がはじまる。

　予算は年度単位で実施されるため、原案は3月末日までに国会で成立するよう政府・与党は努めるが、野党の抵抗が大きく4月にずれ込むような場合には、暫定予算が組まれることになる。もっとも、新年度に入り1週間以内であれば、ルーティーンの政策経費については、前年度に従って支出することが許されることになっている。

　なお、国会において野党が予算案の修正を強く要求しても、通常、予算の抜本的な組替えは行なわれない。国会で大幅な修正が加えられると、予算編成権という政府の「聖域」が侵されると考えるからである。予算の修正が不可避である場合には、政府は自発的に予算を組替え、その成立を図るという形をとるのが一般的である。

2-15 　予算の循環と国会

　予算は、①議会や国民による行政への統制、②行政管理の手段、③政策や計画の数字による裏付けと事業間の関連性強化といったさまざまな役割を果たしている（村松、2001）。その過程は、予算案の作成、執行、決算に大別することができ、この3つの過程を予算の循環（budget cycle）という。

　予算案の作成過程は、省庁内部で予算案を編成する過程と、予算案が国会で審議・議決される過程に分かれる。予算は会計年度単位で運営されており、行政府による予算編成作業、国会での審議・議決の手続きは、3月末の年度内に行なわなければならない。常会が1月に召集されるので、予算案の作成は前年末までに終えておく必要がある。

　閣議決定された予算案は、1月の常会に提出される。常会の会期は150日だが、予算を年度末までに議決しなければならない関係上、常会の前半はほぼ予算審議に費やされる。野党からの抵抗が激しく3月末までに成立の見込みがない場合、事務的な経常経費に限って暫定予算を編成し国会の議決を求めることとなる。成立した予算は4月から翌3月まで執行される。

　決算過程は予算が執行された次の年度に行なわれる。行政機関が前年度の会計を整理し決算報告を作成する過程、会計検査院による会計検査、行政機関の決算報告、会計検査院による会計検査が国会で審議・承認される過程から成る。通常、決算過程は1年以上にわたることが多く、予算案の作成、執行、決算という予算の循環は3年以上かかっている。したがって、予算を執行する年度は、次年度の予算を編成する年度であると同時に、前年度の決算を行う年度、ということになる（堀江・魚谷、1994）。

● 国会と決算

　執行された予算については、国会での報告・承認の過程を通じ、それが適正であったか否かを検査することになっている。しかし、ほとんどの国会議員の関心は予算にあり、決算に多くの労力が費やされることはまずない。実際、決算委員会の議論は低調であることが多く、同委員会は審査時間の最も少ない委員会の1つとなっている。

　事実上、決算過程で最も重要な役割を果たしているのが、会計検査院による会計検査である。会計検査院は行政機関であるが、憲法上、内閣から独立した組織であり、決算を検査し、検査報告を国会に提出することになっている。予算執行が適法・正当であったかを判定しており、予算執行の行政統制を行なっているといえる。

　公債依存度が増大し国家財政が逼迫するなかで、予算がどの程度妥当であったか、効率的に執行されたのか、予算執行により当初の政策目標はどの程度実現できたのか、といったことを、決算手続で検証する必要性は年々高まっている。しかしそれにもかかわらず、予算編成に比して、決算手続きは国民の間で必ずしも重視されてこなかった。

　その背景としては、①予算案が議決されてから決算の手続きが終了するまで1会計年度の予算過程の完結に2年以上の時間がかかっていること、②国会における決算審議のインパクトが弱いため、国会の決算審議を通じて世論が喚起されることがほとんど期待できないこと、③増分主義による予算編成方法が依然、支配的なために、決算でも注目すべき発見が困難なこと、④財政民主主義の点から予算執行に厳しい統制が加えられており、予算と決算に大きな乖離が生じていないこと、などがある（宮島、1992／村松、2001）。

　決算過程では、各省庁と会計検査院の検査の均衡が問題であるとの指摘もある（村松、2001）。厳しい検査を実施すると、ライン官庁の検査への協力が得られないおそれがある、というのである。こうしたジレンマをいかに解消し、決算過程に意味をもたせられるかが、今日の大きな課題であるといえる。

2-16　議会の補助スタッフ

● 国会の付属機関

　国会の活動は議員だけでなされているわけではない。議員の活動を支え、補佐するスタッフが存在しており、その働きのいかんにより国会の活動は大きく左右される。

　多様な職種から成る衆議院事務局、参議院事務局のほか、衆参それぞれの法制局、国立国会図書館がある。また、政党・会派ごとに政策スタッフも存在するし、議員には秘書が補佐スタッフとしてついている。

　各院の法制局は、政府における内閣法制局に近い存在で、議員が法案を提出する際に法案作成を補助する専門家の集団である。法律の条文の書き方など専門知識が求められることから、衆参それぞれに設置されている。また、国会図書館は巨大な図書館というだけでなく、調査員がおり、関連資料の収集など議員の調査を補佐する体制が採られている。

　事務局、法制局、国会図書館は、国会の付属機関と総称される。事務局には調査スタッフ以外の職員のほうがはるかに多いが、衆参合わせて3,000人強ほどいる。

　他に、政党には政策審議機関などに調査スタッフがいて、議員の調査活動を補佐している。また、衆参の議員にはそれぞれ、政策秘書、第一秘書、第二秘書の3名の公設秘書が公費で賄われている。これ以外に私設秘書もおり、多くの秘書を抱えている議員も少なからず存在する。

● 議会の類型と補助スタッフ

わが国では、予算との関連で議員削減論がよく語られるが、費用の面からいうと、補助スタッフの在り方も軽視できない。単に安あがりならよいというわけではなく、国会が有益な活動をしていくには、一定のスタッフが必要だからである。

そこではまず、どんな国会をイメージするかが重要となる。ポルスビーのいう米国型の「変換型議会」（立法作業の議会）の場合は、議員が直接に立法活動を遂行するから、大量のスタッフが必要である。それに対して、英国型の「アリーナ議会」（論戦の議会）では、法案は与党の意向に沿って官僚が作成し、議会での修正も多くないので、スタッフはさほど必要でない。

わが国でも、衆参の「ねじれ」が発生して以来、国会で法案を修正していけばよい、との議論がなされ、それが「議会本来の姿だ」と語られるが、それには大量の補助スタッフが欠かせない。国会の実態は、英国型の「安上がりな議会」になっているのである。

● 米国連邦議会と英国議会

米国連邦議会では、「大きな政府」ならぬ「大きな議会」とでもいうべきシステムがあり、大量の議会スタッフが存在している。連邦議会の専門的な調査スタッフもきわめて多いが、他に議員スタッフも多い。公費で賄われるだけで、上院43人、下院17人にものぼる（平均）。米国では議員は所属政党と無関係に行動するので、個々の議員が法案作成、法案修正に関わるため、大量の補助スタッフがついていなければならないのである。

それに対して英国はきわめて簡素である。秘書手当については、予算として支給される方式なので、単純には比べられないが、下院議員の場合、米国の約10分の1程度と少ない。日本の公設秘書3名分よりもかなり少ない額である。

仮に日本の国会が、政党の党議拘束を維持しながら、変換型議会を

目指す場合には、政党単位に政策補助スタッフを充実する方策も考えられるので、個人単位の米国の場合ほど多くのスタッフは必要ではないだろう。だが、その場合でも、現状よりははるかに充実したスタッフを揃える必要がある。

　しかし、そういう議論はあまり聞かれない。国会改革を論じる時に、補助スタッフのことは念頭に置かれていないことが多いのである。現在の補助体制のままで何か実質ある「立法作業」を強化せよというのは、無理な注文といわなければならない。

2-17　国会の評価と課題

　既に触れたように、議会には大きく2つのタイプがある。ひとつは、アリーナ議会（討論の議会）であり、そこでは、政党間で徹底して討論して争点を明確にすることが重視される。もう1つは、変換議会（立法作業の議会）である。立法は議会の役割とされ、法案を議員が作成し、議会はそれに修正を加えるなどして、法律を形作っていく。国民の要望・要求を議会が法律に変換していく役割を果たしているという点で変換議会（立法作業の議会）とよばれる。

　わが国はイギリスと同じ議院内閣制を採用していながら、これまでアリーナ議会としての機能を果たしているか、といった視点から国会を評価づける試みはあまりなされないできた。暗黙のうちに、アメリカ型のような議会がモデルとされ、議員立法の数や法案の修正が国会機能の基準とみなされることが多かった。しかし立法部と行政部の融合が前提となっている議院内閣制においては、そうした基準で機能を評価することは必ずしも適切でない。イギリス議会でみられるようなアリーナ機能が果たされているかで評価する方が自然なのである。

　この点から検討すると、わが国の国会は、55年体制下においては、アリーナ機能を十分に果たしてきたとは言いがたい。理由の1つは、政権交代の可能性が乏しいために、野党の国会戦術が極めて特殊なものになっていたことである。会期が断片化している上に、当該会期末までに採決が行なわれない場合、法案は原則として審議未了廃案となる。従って、国会には法律を成立させる上で、極めて高いハードルがあることになる。野党はこうした制度や慣行を利用しながら、討論ではなく、審議拒否や審議引き延ばしを図ることによって、対決法案を廃案に追い込もうとしてきた。これにより野党の主張の一部は政策に

反映されたが、反面、国会における討論の機能が失われることとなっていた。野党のこうした戦術が意味を持ってきたのは、55年体制下で一党優位政党制が固定化し、政権交代の可能性が極めて低かったからである。

　しかし、55年体制が崩壊し、二大政党制が視野に入ってきてからは、討論の議会としてのイギリス型議会を目指す条件が整ってきた。現実に政権交代の可能性がある以上、従来のように審議引き延ばしを図り、政府提出法案の阻止を図るというのとは異なる野党像を考える必要がある。討論を通じて、国民に争点を明示し、次の選挙で政権交代を狙うのが、アリーナ型の議会での野党の姿である。もちろん、ある程度の法案修正までも排除する必要はなく、できる修正はやればよい。その意味では、フランスやドイツやイタリアなどの「準イギリス型」、つまり討論の議会に準じる国会像を模索していくことが求められる。

　そのための条件としては以下のようなことが考えられる。第一は政権交代の可能性を高めることである。イギリス型の単純な政権交代か、ドイツ型のような連立の組み合わせの変化による政権交代かは問わないが、政権交代のないところでは、アリーナ型議会での討論が意味をもたない。

　第二に、衆参の権限関係を見直し、衆議院総選挙での政権交代をスムースに実現できるようにする必要がある。現行制度では、衆参にねじれが生じ、衆議院で多数の与党が参議院で少数派の場合、法案の成立が難しくなる。

　第三は、マニフェスト型の選挙を通じて、政党主導で政策方針を立てられるようにし、あとは与党が官僚を使いこなしながら、法案作成にあたればよい。アメリカ型の変換議会のように、議員がスタッフを抱え、直接に法案作成に関与する必要は必ずしもないのである。要はアリーナ型か準アリーナ型の議会として国会像を再構成し直し、そのための改革を進めていくことが大切なのである。

[引用・参照・参考文献]

浅野一郎・河野久編著『新・国会事典』有斐閣 2003年

浅野一郎編著『選挙制度と政党』信山社 2003年

伊藤光利「国会のメカニズムと機能」（日本政治学会編『年報政治学 政治過程と議会の機能』岩波書店 1987年）

井上誠一『稟議批判論についての一考察』行政管理研究センター 1981年

今井照 『地方自治制度』 学陽書房 2000年

岩井奉信『立法過程』東京大学出版会 1988年

大石眞a『議院自律権の構造』 成文堂 1988年

大石眞b『議会法』 有斐閣 2001年

大山礼子a『国会学入門』三省堂 1997年

大山礼子b『比較議会政治論』岩波書店 2003年

大山礼子c『日本の国会』岩波書店 2011年

加藤秀治郎a『憲法改革の政治学』一藝社 2002年

加藤秀治郎b『日本の選挙』中央公論新社 2003年

加藤秀治郎c『日本の統治システムと選挙制度の改革』一藝社、2013年

加藤孔昭編『憲法改革の論点』 信山社 2000年

J.C.キャンベル『予算ぶんどり ―― 日本型予算政治の研究』サイマル出版会 1984年

桑原英明・永田尚三編著『政策ディベート入門』創開出版社 2008年

桑原英明・増田正編著『自治体行政評価の基礎』創開出版社 2003年

ケルゼンa『民主主義の本質と価値』岩波書店 2015年

ケルゼンb「民主制の本質と価値」『ケルゼン著作集Ⅰ』慈学社 2009年

小島昭「日本の財務行政」辻清明他編『行政学講座』東京大学出版会 1996年

小堀眞裕『国会改造論』文藝春秋 文春新書、2013年

渋谷修 『議会の時代』三省堂 1994年

G.ツェベリス「拒否権プレーヤーと制度分析」『レヴァイアサン』30号 （2002年春号）木鐸社

G.ツェベリス『拒否権プレイヤー』早稲田大学出版部 2009年

辻清明『新版　日本官僚制の研究』東京大学出版会　1969年

中島誠　『立法学（第3版）』　法律文化社　2014年

日本国際交流センター編『アメリカの議会　日本の国会』サイマル出版
　　会　1982年

バジョットa「イギリス憲政論」『バジョット、ラスキ、マッキーバー』
　　中央公論社　1970年

バジョットb「多数代表制の擁護」加藤秀治郎編『選挙制度の思想と理
　　論』芦書房　1998年

早川誠『代表制という思想』風行社、2014年

福元健太郎『日本の国会政治 ―― 全政府立法の分析』東京大学出版会
　　2000年

藤本一美『現代議会制度論』専修大学出版局　2008年

堀江湛編『政治改革と選挙制度』芦書房　1993年

堀江湛・魚谷増男編『現代行政学の基礎知識』ぎょうせい　1994年

堀江湛・笠原英彦編『国会改革の政治学』　PHP研究所　1995年

堀江湛・加藤秀治郎編『日本の統治システム』　慈学社　2008年

前田英昭a　「党議拘束と表決の自由」『議会政治研究』29号　1994年

前田英昭b　『国会と政治改革』小学館　2000年

前田英昭c　『国会全書Ⅰ』慈学社　2007年

増山幹高「議事運営と行政的自律」『レヴァイアサン』第30号　木鐸社
　　2002年

待鳥聡史「国会研究の新展開」『レヴァイアサン』第28号　木鐸社
　　2001年

松澤浩一　『議会法』ぎょうせい　1987年

眞柄秀子「拒否権プレーヤーと政策決定」新川敏光ほか『比較政治経済
　　学』有斐閣、2004年

宮川公男『政策科学入門』東洋経済新報社　2002年

宮島洋「予算編成と会計検査」会計検査院『会計検査研究』5号　1992
　　年

村川一郎『政策決定過程』信山社　2000年

村松岐夫『行政学教科書』有斐閣　2001年

森田朗『現代の行政』放送大学教育振興会　2000年

読売新聞社調査研究本部編　『日本の国会 ―― 証言・戦後議会政治の

　歩み』　読売新聞社　1988年

読売新聞社調査研究本部編　『西欧の議会 ―― 民主主義の源流を探る』
　読売新聞社　1989年

A・レイプハルト『民主主義対民主主義』勁草書房　2005年

Mochizuki, Mike M., *Managing and Influencing the Japanese Legislative Process*, Ph.D. Dissertation, Harvard University, 1982.

Polsby, Nelson W., "Legislatures," in F.I. Greenstein and N.W. Polsby. eds., *Handbook of Political Science*, Vol 5, Addison Wesley. 1975. （邦訳：本書第Ⅱ部参照）

Schlangen, Walter, *Politische Grundbegriffe*, 2. Auf., Stuttgart : Kohlhammer, 1980.

第Ⅱ部

リーディングス

1　N・W・ポルスビー「立法府」
2　K・R・ポパー「民主制について」

1　ネルソン・W・ポルスビー「立 法 府」

加藤秀治郎・和田修一　訳

　本章は下記論文の全訳である。

　Nelson, W. Polsby, "Legislatures" in : F. I. Greenstein and N. W. Polsby（eds.）*Handbook of Political Science*, Vol. 5, Reading : Addision Wesley, 1975, pp. 257-310.

　なお、原文におけるイタリックは、書名の場合は『　』で表し、強調の場合には傍点を付した。また、〔　〕は訳者による補足、【　】は原著者による補足である。

　末尾に掲げる「注」はすべて原著者ポルスビーによる原注である。

はじめに

　本稿は、〔各国の〕立法府の類似点と相違点、その起源と活動様式、各政治システムでの様々な役割と任務など、立法府について幾つかの予備的な所見を提示することを目的としている。それには立法府という固有の形態の組織が、周囲の様々な状況の中でどのような地位にあるかを問う必要がある。また、各立法府を取り囲む政治的諸条件と、それに関連する諸問題に、それぞれどのような影響を及ぼしているのかも、調べる必要がある。この作業は、世界中の立法府を包括的に調査などするより、ずっと穏当なものである。また、そうせざるをえな

い面もある。専門的であれ一般向けであれ、立法府について近年きわめて多くの文献が書かれたので、『政治学ハンドブック』のような大きな事典で、立法府という謎めいたテーマにつき充分なスペースがさかれるのも、きわめて当然である。さらには、立法府に関する文献を論じても、必ずしも立法府それ自体——厳密に言えば〔各国の〕様々な立法府——を論じることにならない、という厄介な現実もある。というのは、過去、現在の、歴史上知られる、ほぼ全部の政治システムに——未来も含め——その特徴からして研究者が立法府と認識しうる活動や機能の要素が見られるからである。事実、われわれの用語を普通に使うなら、立法活動のない政治システムなど存在しないのである。

第1節　各立法府の類似性——定義と概念化の問題

　中心的な立法活動とは、法律制定の過程、つまり、普通は特定の人々に適用される一般的な規則が〔制定され〕公布されるに至るまでの行動パターンをいう。疑いなく、この活動はあらゆる政治活動の中心をなしており、それゆえ統治機構が存在する所ではどこでも、大半の点で立法活動が統治機構の最も明確な特徴をなしている。しかし厳密には、立法活動の語は、本稿のテーマたる立法府と同義語ではない。一度ならず指摘されているが、法律——少なくとも不服従者に強制力ある制裁が課される規則——は、時に立法府と見なされない機関によって制定されており、逆に立法府は、しばしば法律制定以外の活動に従事しているからである。K・C・ウェアーは次のように見ている。

　　……立法府が大部分の時間を立法に向けている、というようなことは全くない。最も重要な機能の1つは、行政府を批判するこ

とである。立法府が政権を樹立したり、退陣させたりする国もある。立法府では一般国民に関心のある大きな争点について議論する。立法府は「国の大きな委員会（inquest）」なのである（Wheare, 1963, p. 1）。

これは次のジョン・スチュアート・ミルの見解を反映したものである。

　　代議制議会の固有の任務は、政府を監視し、統制することである。政府の活動に公的な光を当て、疑問のある事柄につき全面的に公開させ、弁明させて、問題と分かった時は非難するのがそれである。加えて〔英国〕議会には、国民が不平を申し立てる機関、また国民の意見の表明の場、としての任務がある（Mill, 1962, p. 111）。

立法府以外のところで法律制定がなされたり、立法府が法律制定以外のことを行ったりするので、研究者の間で時に混乱が生じるのも無理からぬところがある。このような、バラバラな状況について機能論的アプローチをとると、研究者はどのような機関が、どのような理由で立法活動をしているかを調べることとなり、木を見て森を見ない結果となる。機能論的にいうならば、行政府が立法府であったり、司法府が立法府であったり、軍や政党が立法府だということになっていて、立法府は立法府ではないと、結論せざるをえないケースがかなり頻繁に出てくる。

　構造論的なアプローチにもまた、これに類する面がある。そこでは立法機能よりも、立法府そのものが扱われる。そして、立法府が法律制定を行っていないとしたら、何をしているのかが問われる。そこで研究者は、一般に立法府が責任を負っている〔法律制定以外の〕他の機能を見つけ出したり、諸機能を列挙したりする。最も重要な例を2

つ挙げると、正統性を付与すること、将来の政治的指導者補充のために人材を蓄えること、がそれである[2]。

　時にはある研究者が機能論・構造論のいずれのアプローチなのか明白でないことがあり、解釈する人はそれを矛盾する言明と見ることがある。だが、実際にはそれは法律制定と立法府という、〔近いけれども〕異なる事柄に言及しているだけであり、〔矛盾ではなく〕完全に両立可能であるのが判明することがある。たとえばある政治家が、「20世紀は立法府にとって苦難の時代であった」(Truman, 1965, p. 1)と言っているとしても、必ずしも法的な規制が緩和され、法律制定の総量や範囲の減少を意味しているわけではない。そうではなく制度上の特別な形態に言及しているのであり、立法府が他の統治の機関との競合の場でどう活動してきたかを語っているのである。

　この細かな区別に留意すれば、立法府という用語そのものの定義を精査する場合にも役立つ。

　構造論の立場には次のような定義がある。

　　　〔立法府とは〕立法を行う権力がある人々の集合体、特に〔国や自治体など〕政治的単位のために法律を制定する権限をもつ組織体〔をいう〕(*Webster's Third New International Dictionary*)。
　　　〔立法府とは〕国家・国民のために法律を制定する人々の部局、集合体、機関〔をいう〕(*Black's Law Dictionary*)。

機能論の立場ではこうである。

　　　「厳密に言うなら立法の機能とは、単に法律を制定することである」(W. F. Willoughby, 1934, p. 20)。

　立法府という用語を、法律をつくる機関と関連させるのでは、同義反復となる。少なくともラテン語の素養がある人にはそうなる。先に

見たように、立法府という言葉の意味の核心的部分には法律の制定があるが、その言葉の周辺には、かなり多くの暗示的な意味、連想されるもの、〔関連の〕諸機能などがある。そして、2つの疑問が生じる。①ある政治システムに相対的に法律制定に影響力の乏しい立法府があるとすれば、それをどう論じたらよいか、②法律制定や、それに由来する様々な活動に携わる立法府を、多少、似た点のある他の機関から分かつものは何か、である。

　立法府はまず、各政治社会の公的な機関と規定できる。このことで、立法のための議論・意見・審議――そして調整――は、民間部門で実施・制定される事柄から区別される。また、政治システムが関心を払っていることのうち、公的機関以外でなされている活動は区別される。また、立法府の公職者の行為が、すべて法律制定の行為というのではない。政治社会の権力機構をして、不服従者を制裁したり、立法府の行為を権威づけたりすることは、まず立法府の活動である。

　しかし、立法府のみが公的な活動を行うわけではないので、他の機関と区別される特徴を見つけ出さなければならない。ある意味で立法府は、公的であるとの特徴においては、選挙で選ばれる行政職、複数の判事から成る上訴裁判所、アングロ＝サクソンの陪審団や、官僚制に似た面がある（表1参照）。判事や陪審員団と同じように、立法府の公職者の活動には公的審議という手続きがある。ある意味で立法府の公職者は、その決定によって統治される国民を体現する存在なので、陪審員団や公選行政職と同じように、国民の究極的支持が得られるようになっている。立法府はまた、判事や陪審員団のように、自分たちの意思をまとめるのに表決を行う。とはいうものの立法府は、多くの点で他の公的組織と異なる。判事や官僚と異なり、統治される国民・住民と直接、結びついている点で正統性を得ている。また、公選行政職と異なり、職務を行う上で公式には平等な、複数の構成員から成る。立法府それ自体に議事を行う権限を付与している規則を除けば、裁判所と異なり、何かに根拠を求めたり、何かの原則に訴えたりする

表1 立法府の特性 —— 他の公的機関との比較

公的機関	複数成員か	行動の前に公式の討議が必要か	表決による決定	その命令・裁定に従う人々に由来するか	事後に人々に責任を問われるか
立法府	はい	はい	はい	はい	はい
陪審員団	はい	はい	はい	はい	いいえ
合議制の上訴裁判所	はい	はい	はい	そうと限らない	いいえ
官僚制	はい	そうと限らない	いいえ	そうと限らない	いいえ
選挙による行政職	稀に	そうと限らない	いいえ	はい	はい

必要がない。また、陪審員と異なり、立法府は原則として選出母体たる国民に直接、事後的な責任を負っている。

　公式機関たること、国民との結合による正統性を唱えること、複数の成員であること、公式的には成員が平等なこと、集団的に意思を決定すること、審議機関であること —— といった立法府の諸々の特徴は、幅広い多様な諸組織の中で立法府の特徴を表すものであり、他の機関から立法府を分かつものである。このことが〔各国の〕立法府の類似性であり、本稿のテーマたる立法府という組織を識別する基盤をなしている。つまり、ここで検討する立法府という言葉は、組織上のある形態をさすものである。立法府は第一に、組織上の特性で識別される。すなわち、複数の成員から構成され、成員が集会して審議し、職務遂行の方法としては平等な投票を行う。この組織上の形態は、著名人のクラブが、入会希望の名士の誰を新たに加えるかを議論するのと、まったく同様である。そういうクラブには例えばアート・ブッチュワルド、ベンジャミン・ブラドリー、エドワード・ベネット・ウィリアムなど、有名コラムニストから成る昼食会クラブがあり、首

都ワシントンの高級レストランで頻繁に会合をしている。話をクラブなどに類似した集団から、個人名をあげないですむ事柄に戻すが、それにはテーマたる立法組織を識別する、幾つかの限定的特徴を明記しておくのがよい。つまり、一定の人々を公的に束縛する、公的な法律・条例を制定することであり、人々と直接に結びついていることで正統性を有していることである。

　この定式化は曖昧だが、ここでは意図的にそうしている。定式には国民・住民に対する幾つかの責任〔の概念〕が含まれていなければならないからである。何よりもまず、意思決定に先立つ責任があり、それは意思決定機構が構成される方法がまずあり、その上で当該の人々に服従を命じうる権限が付与されていることを示唆している。立法府はある重要な意味で、統治される人々により選出され、人々を代表しているとの観念に基づいており、そこに自己の正統性の基盤をおいている。そして、人々に服従を要求している。

　立法府が責任を負うという第二の意味は、意思決定の後の責任であり、立法府の議員が選挙で有権者の洗礼を受けることである。私はまた立法府を、〔必ずしも〕代表性に依拠しない、公式の審議機関と考えたい。立法府には町民集会のように、〔住民すべてを含むような〕きわめて高い包括性のものもあるからである。同様に、幾つかの公式の審議機関にあっては、重要な当該の国民・住民は、原子化したバラバラの個人ではなく、家族や集団から成り、（代表者ではなく）各集団が立法府の部分を構成しているのだが、この事実を切り離して定義するのはよくないと考える。

　ここまでは、本講座『政治学ハンドブック』の枠組に最もよく対応するとの理由もあって、立法府の語を構造論的な定義で用いてきた。本講座では行政府や司法府など、他の機関にも章が割り振られているからである。しかし、構造的特性を重視した定義には、それ以上の重要な利点がある。現実世界の具体例が扱われているかどうか、直ぐ判断できる、バイアスのない視角を研究者に提供しうることである。そ

れはまた、具体的な経験的事象に言及することで、経験的命題を定式化し、検証するという、一歩先の課題にも役立つ。さらに、立法府の構造論的な定義を用いると、実際に遂行している多様な機能を、直截かつ経験的に考察するよう促される。それは、複雑に絡み合い、多面的な立法府に注意を集中させることになり、立法府の機能に見られる規則性や相違点を解き明かす試みを促す。

第２節　相違点──分類上の諸問題

　簡単に私が立法府と呼ぶものは、公式的で、責任の伴う、審議のための会議体だが、各立法府は様々な政治的状況の中に置かれている。その政治状況については、２つの軸で区別すると、その２軸で分けられる４つの典型的タイプを区別できる。

　単一の機関があらゆる役割をはたす〔独裁的な〕統治機構や、有権者全体による〔直接民主制的な〕統治機構を別とすると、政治システムは第一に、公式的に立法過程がどれほど統治機構の限定的な一部機関によって遂行されているか、で分けられる。これは専門分化のある政治システムと、そうでないシステムの違いであり、２つの型の政体を大まかに比較するのに役立つ。これは（国や自治体の他の活動と区別される）立法活動が、専門的な特定の機関に委ねられているか否かの違いである。各政治システムの間に見られる第二の相違点は、特定の政策に影響を与えたり、政府を構成する役職者を交代させたりするような限定的な目的のために、国民・住民全体が統治の過程にどの程度影響を及ぼし、関与できるか、その程度である。この区別は政治システムが開放的か閉鎖的かという、よく知られた相違による区別である。多様な諸々の立法府を分類すると表２のようになる。

　研究者が検討に値すると思う立法府、つまり「近代化され」、「発展し」、「民主的な」立法府は、ほぼ表２の右下の「専門分化し、開放的

表2 立法府の形態の類型

統治活動	閉鎖的な政治システム	開放的な政治システム
未 分 化	1 立法府は存在せず軍事政権や一部の支配者が法律を制定	3 専門分化した立法府は存在せず町民集会や民会が法律を制定
専門分化	2 指導者の共同委員会追認のための立法府	4 アリーナ型の議会や変換型の議会

な」政体に分類されるものであるのが、読者にはすぐ分かるだろう。だが、それにもかかわらず、立法府が他の統治機関からあまり分化されていなかったり、閉鎖的体制の中に存在したりする場合の立法府について、手短かに考察することから議論を始める時には、論理的な完全さが必要だが、それ以外にも考慮すべき点がある。このような、より制約的な事情は、各政治システムで立法機関がはたしている様々な機能を考えたり、立法の任務をはたす別の様式を識別したりするには、むしろ有益な状況をもたらす。

第3節 閉鎖的体制で専門未分化の政治社会
――体制の正統性への代替的経路

　体制が閉鎖的で、政治社会が専門分化していない場合、そもそも立法府が存在すると言えるのか。宣言や布告による法の制定は、立法府の活動としてはきわめて普通だが、それが立法府に共通する活動なのかどうかは、あまり明確ではない。人類の大半の歴史を通じ、最も頻繁に見られる統治の形態は、その社会で組織的な強制手段を独占的に支配する、比較的小さなグループによる単純な独裁制である。強制手段の独占により小グループは、政治システムで自らの意思を強制する手段を付与され、法を制定する権力を与えられる。

　例えば、古代エジプトやメソポタミアには聖職者による統治の機構が存在したし、初期のローマ共和国やルネッサンス期の北イタリアの市町村には寡頭支配制が存在した。今日〔1970年代〕でもギリシア、ブラジル、エジプト、インドネシアなど、世界のいたる所に軍事政権が存在している。1966年から72年までのガーナでは、国政は7人からなる国民解放評議会の支配下にあった。「この評議会は、ガーナ陸軍が警察庁と協力してクーデターを成功させ、その直後に設置されたが、法律により、真の民主制が回復されるまで、支配する権限を付与されている」（*Ghana Official Handbook*, 1968, p. 14）。

　軍事政権は立法府なのだろうか。ガーナ国民解放評議会のような機関の内での活動は、政策決定が「審議を経ている」とか、布告が平等な投票に依っているという評価を受けそうにない。さらには、体制の暫定性を強調することで、革命の教義(ドクトリン)は、軍事政権の支配が責任を問われるものでないとしている(4)。独裁者や軍部が政権を掌握した後、形式だけの立法府を設立するが、そのことは、政権の活動に正統性を付与することが、立法府の主要な任務であるのを示している。体制側の出す布告に公的に署名する地位の人の、数を増やすことで正統性を付与しようというのである。

　結局、統治機構は、人々がその支配に従い、統治機構が行うことに関与することによってのみ存続できる。「正統性」があるというのは、人々が実際に服従する可能性がある、ということである(5)。統治機構が人々の服従を得るには様々な方法がある。例えば、大衆を恐れさせたり、思想教育をしたり、習慣・慣習を通じて民衆を黙って従わせたり、人々から自発的支持を得たりするのがそれである。統治機構はすべて、これらの要素を有しているし、また、その社会で支配的な、特定の混合的な服従パターンを正当化するイデオロギーを広めようとしている。

　さらには、強制、思想教育、習慣・慣習など、人々を黙って従うようにさせる、これらの要素はだいたい、それぞれ他の近い要素と代替可能である(6)。従って、立法府を次のようなものとして考えることは、

いくつかの理由で有益である。つまり、基本的に〔人々の〕同意の付与を体現し、象徴している存在であり、また、その結果、立法府は秘密警察・軍・大規模宣伝活動や、伝統的階層制下の服従的性格などの代わりにもなるし、逆に立法府がそれらで代替されることもありうる。統治機構が服従調達のため、ある手段から別の代替的手段へと少し転換を図る時は、おそらく代替的手段の相対的コストの変化に対応している場合である。しかし、大半の社会では制度的惰性の力が非常に強いので、そのような転換が見られない場合も、社会的コストが均衡していると見るのは誤りであろう。それぞれの混合的統治形態の抱える最大問題の1つは、コストにつきあまり敏感に調節できないでいることである。その結果、支配集団の多くは自分たちの政権の維持に必要な程度を超えて、宣伝活動にはしり、監視活動・恐怖政治を行いやすいこととなる。[7]

　相対的に閉鎖的・画一的な政治社会は、同意ではなく、慣習や強制に依存している。このことは、一般の人々が統治機構にほとんどアクセスできない政治社会、つまり閉鎖的な政治社会の定義に含まれている。未発達な社会では、強制で用いる技術の遅れのため、1人当たりの換算で、強制のコストは極めて高くなっている。一般に被支配者の人口が多く、教育や読み書き能力、マスメディアや資本財へのアクセスが高いほど、人々の自発的支持を得る方法として、支配グループが強制に依存するのは、絶対的にはコストが高くつくこととなる。したがって閉鎖的な社会では、（多くの場合、経済発展に不可欠な）一般庶民の教育レベルが高まるにつれ、徹底的な思想教育で体制側の行動を正統化するのに、多少なりとも立法府を活用しようとするのであり、そうでない例はほとんど見られない。

　一世代〔約30年〕内という短い期間では、ほぼどんな社会でも強制や恐怖政治は人々を黙って従わせる、コストのかからない方法として実行可能であり、合理的でさえある。[8]しかし、より長期にわたり、大規模な社会を維持するには、代表を増やし、より明確に同意を志向し、

それゆえより立法府の特徴をそなえるという、正統性付与の過程に向かう顕著な動きがない場合には、政治的決定に人々が関与しない伝統が強かったり、半封建的な階層社会に由来する恭順さが見られたりしなければならない、と思われる。

　後進的な状況の社会で見かけだけの立法府が多いのが事実なのは明白なようである。後に〈追認のための立法府〉についての考察で見るように、閉鎖社会では立法府に権力がないからといって、認められた全社会集団の代表を名目上取り込む努力をしなくてよいわけではなく、そのことは重要である。

　したがって、ここでの主張は、閉鎖的で専門分化していない体制に包含されている人の数が増え、その政治社会が近代化すると、不安定になってくる、というものである。しかし、そのような体制が開放的になるとは限らない。歴史的経験の示すところでは別の可能性がある。つまり、基本的政策への統制が閉鎖的なままであるものの、組織上の分化が生じるケースである。権威主義体制の研究者はよく理解していることだが——そして近現代の近い例だけではなく、幼少期のノッティンガムの悪代官〔を懲らしめるロビン・フッド〕の物語が思い出させてくれることでもあるが——官僚制が閉鎖的政治社会に終焉をもたらす可能性もあるのである。次節で示すように、それと同じことが立法府の多くにも当てはまる。立法府はその構造の特徴からして潜在的には、開放への強い圧力を体現していることがある。しかしながら、その潜在可能性は多くの条件の下で、巧みに統制されてきた。

第4節　閉鎖的体制で専門分化した政治社会
——批判勢力取込みのための代表制

　近代的な工業社会は内部に多くの専門化された規則制定機関（立法府）を含んでいる。例えば近代企業の組織には、通常、詳細に規定さ

れた理事会があり、理事会は株主とも企業経営とも別の立場で、最高権限のある規則制定機関（立法府）として活動している。[10]労働者、下請業者、競争企業、消費者、納入業者は——ある種の集団的決定には必ずしも影響力を行使できないわけではないが——通常は、規則制定の審議に直接、影響力を行使できない（大規模な資本供給者や法的助言をする特定の人々など、例外も多いが……）。しかし、それらはこの点で国政の場での利益集団に似ている。

　近代的企業は確かに、閉鎖的システム内で強力だが、限定的な代表者から成る意思決定機関（立法府）の一例である。もう１つの共通パターン、特に国民国家レベルのパターンは、閉鎖的体制内の立法府には狭い基盤しかなく、権限もないことである。例えば1950年代のソ連の主要な立法機関、ソヴィエト最高会議についてのメルレ・ファインソドの記述を考えてみよう。

　　ソヴィエト最高会議の役割は概して見かけだけで、お飾り的である。だが、最高会議が注意を払う問題はこの上なく重要なものである。最高会議は、５ヵ年計画、年次予算の立法化、ソ連政府の組織など極めて重要な問題を扱う。だが最高会議は手続きから見ると、十分にリハーサルを重ねた芝居のような〈見せ物〉との印象を与える。予め対立の種はほとんどが取り除かれているのだ。最高会議に始まる予算審議では僅かながら修正がなされるし、時に大臣の政策実施の遅れが批判されるのだが、それは予め定められたシナリオにそって行われている。選挙〔の実施〕と同様、最高会議の開催はソ連の国民統合の象徴である。政府の提案は、満場の喝采のうちに、全会一致で採択される。……

　　最高会議の任務は、共産党のテーゼに疑問を呈することではなく、それに署名し、憲法上の合法性という外観を整えることである。それは〔各地にある〕評議会という組織全体のもつ権威を低下させるのに必要である。共産党首脳の指令がソ連社会で現実に

権力の座を占めている限り、評議会やその周辺の憲法上の制度は、主権のある統治機関であるよりも、見せかけにとどまるのである（Fainsod, 1953, pp. 325-26）。

このようなソ連の政治制度の特徴は少なくとも、しばらくの間は変化なく続くものと考えられていた（McClosky and Turner, 1960, p. 322 ; Meyer, 1965, p. 245 ; Wesson, 1972, p. 198なども参照）。

このソ連の最高評議会は、〈追認のための立法府〉の歴史的に最も有名な例だが、そのタイプはこの例に限られない。別のイデオロギー的観点から見れば、同じように権限のない立法府を見出すのは簡単である。例えば〔独裁期の〕スペイン議会（コルテス）がそうである[11]（参照、Anderson, 1970 ; Medhurst, 1973 ; Trythall, 1970 ; pp. 191, 266 ; Welles, 1965, pp. 37-38）。

そのような機関について説明しなければならないのは、とにかくそれが現存していたという事実である。ある社会で暴力の合法的行使の手段が安定的に独占されており、議会が見せかけだけのもので、議会以外の機関で立法がなされている場合、それが問題なのはなぜか。アフリカ４ヵ国（中央アフリカ共和国、チャド、コンゴ〔・ブラザヴィル〕共和国、ガボン）の立法府についてのジョン・Ａ・バラードの説明が、手掛かりとなる。

　　各エスニック集団や各地域は、【国家レベルの議会に】数に比例した代表を送るよう要求する。議会が実際の立法権限を有していない場合でも、そうである。誰が議員となるかは、大統領が牛耳っている政党に左右されており、議会解散の場合に再選されるか否かも大統領の手中に握られている。このため議会の議員は、政府の法案に反対はおろか、批判するのも消極的である。このような政治的制裁の可能性が、議会の権限に対する憲法上の制約をさらに強めている。それに加え——非常事態の下での突然の逮

捕であろうと、個々の議員の訴追免責の特権が会期中での議会の投票によって奪われる場合であろうと——議員の訴追免責を覆す政府の権限が、4ヵ国とも明確に示されている（Ballard, 1966, p. 304）。

　たとえその種の立法府に権限がほとんどないか、まったくないとしても、2つの理由で立法府がなお重要であることに変わりはない。第一に、とにもかくにも立法府が存在するという事実は、独裁的な政権が利用する他の手段に比べ、政府の行動を正統化する手段として、同意を得るのにあまり費用をかけないでいることの、無言の証しとなっている。独裁制がやがて弱体化し、消滅するものとは言えないが、いずれは政権運営において、立法による制裁に移行していくことを評価する、と考えられる点は、注目すべきである。第二に、そのような名目だけの立法府であっても、体制の活動的メンバーを補充できる、人材のプールとしての役割をはたせる。比較的に開放的な政治体制では、この現象が政党を発達させ、究極的には統治機構を発達させる手段として役立つことがよく知られている。稀薄な形ではあるが、そのような過程が閉鎖的体制でも見られることがある。

　ロバート・パッケナムはブラジル国会につき、こう述べている。

　　政治家は立法府で経験を積み、州知事、連邦大臣、州大臣などの職を務められるようになっている。エリートとしての規範を学び、政治的技能を身につけ、また議員以外の役割を習得し、保持し、生かすのに役立つ、見識と名声という資源を手に入れるのである。この意味でブラジル国会の活動は、政治家を訓練する場なのである（Packenham, 1970, pp. 530-31）。

　閉鎖的体制が、立法機関に発展の可能性を残しておかないのは明白である。そのような体制はともあれ立法府を、人をごまかす存在、あ

る意味では訳の分からない存在にしておく。閉鎖的体制を開放的体制に導く動力源が立法府だとか、立法府を創設する必要性により専門分化していない政治システムは専門分化したシステムへと移行する、などとは主張できない。結局、立法府が立法府の廃止を防ぐのに無力であるケースを見出すのは、決して特別なことではない。現代ではフィリピン、ウルグアイ、ガーナや、きわめて悲劇的なワイマール共和国がその例である（参照、Loewenberg, 1971b ; Hakes, 1973 ; Stauffer, 1974）。

　これまで各国社会の――規模や複雑さの程度はいろいろだが――「代議的」機関を簡単に検討してきた。それははっきり目に見える組織だが、必ずしも「法律作成の」組織とは限らない。筆者はこう論じてきた。そのような機関が、閉鎖的体制では市民の服従を得るために存在していることであり、また、体制がそのために支払う主たるコストとしては、経済団体、人種集団、利益集団や、それら集団の要望を伝える野心的な政治家に、政策決定の過程に関与させる一定範囲の特権を与えることがある。それは、確たる政治参加ではないのだが、エリートの役割に協力することに至る場合がある。

　バラードは、赤道直下の４ヵ国の状況を次のように描いている。

　　議会の主要な機能は、……体制に忠実な支持者を組織・再編した機関を形成することである。彼らは、個々の諸利益を国民的に統合した形で代表していると主張できるのであり、それゆえ体制側の政策や計画に議会が賛成しているとの見かけが整うのである。……政府は少なくとも、地方から出された意見について議員と協議するのだし、僅かな数だが議員のなかには、政党で高い地位を得たり、大統領と個人的に近くなったりする議員も出てくる（Ballard, p. 305）。

しかしながら、閉鎖的体制の国がすべて、この少ないコストでさえ

負担できるとは限らない。例えば人種的・宗教的・言語的な対立による紛争が顕著になると、〈追認の立法府〉の中で係争している諸集団を名目上代表させるだけでも、体制側の権力保持能力を脅かすことになりかねない。しかし、そのような対立があまり広がっておらず、さほど激しくなっていない場合、〈追認の立法府〉を創設するのは明らかに、閉鎖的政権を安定させるのに役立つ、安上がりで健全な方策と見なされがちである。

第5節　開放的体制で専門分化されていない政治社会 —— 代表なき小規模な身分制的体制の共同社会

　専門分化されていない政治社会での統治は、〔英国の〕民会、部族会議、〔米国の〕町民集会、公開討論会などで営まれ、統治機構の様々な活動がすべて、わりに身近な単一の決定枠組でなされている。そのような所では、ふつう開放的体制での立法府を研究している人が直面する、次の2つの問題は生じていない。それは、事後的な責任の問題と代表性の問題である。ある集団を治める規則が、その集団全体からなる機関で定められるのであれば、当然、決定について責任を求める組織もなければ、また、それと異なる組織もないのであり、それゆえ、代表についての理論でも、法律を作成する人々が代弁をしたり、仕えたりすべき人が存在するわけでもない。従って、内部構造の問題に関心を向けることになる。そこでは立法活動の遂行において —— 公式的な分業とは対照的に —— 短期的で事実上の専門分化の可能性があることに注意しておきたい。

　例えばニューイングランドの町民集会を考えてみよう。

　　マサチューセッツ湾コロニーが置かれてから数年の間、各町での唯一の統治機関は町民集会か、町の全男性住民からなる全体会

議であった。……町が大きくなりすぎ、別な機関が必要と考えられるようになるまで、それはどの町でも有効な統治形態であった。……住民全体に関わる問題はすべて集会にかけられた。住民はすべてそれに参加する特権があり、提起された問題を議論する機会が与えられていた（Maclear, 1908, pp. 106-107, 112）。

町民集会という立法の形態については作り話も生じている。19世紀半ばの1835年に、町民集会を論じたラルフ・ワルドー・エマーソンの文章がマサチューセッツのコンコード町の記録文書に残っており、祝賀の文章ながら、鋭い考察も含まれている。

町民集会には、その地域社会の成り立ちが影を落としている。この町では金持も貧乏人も同じように議論に加わった。それどころか、法を犯した者もそうでない人も同じ様に加わっていた。200年の町の沿革を検討すると、参加者には十分な情報がなく、健全で信頼できる法律をつくれるだけの、真の信徒や真の愛国者は見られない。そこで町の基本法は立法を禁じていた。この開かれた民主制では意見がすべて表明された。異議や事実関係、集落ごとの事情、大量のライ麦〔の生産・分配〕のことなど、あらゆることがそれ相応に重視された。議長は多くを語らず、議決は風向計のように風向きで移り変わり、いつも最後に出た最も有力な意見によって影響された。集会では公共の福祉や利益の要求、そして義務を説く声、宗派の要望も聞かれた。地域の思惑、個人的恨み、不満や無知そのままの声も、すべて断固たる調子で表明された。好き嫌いの感情も公然と語られた。1641年の法により、市民権の有無や居住の有無によらず、誰もが公の場に案件を出せるようになった。わが町の記録には、どの階級であれ、居住者が発言を妨げられたとか、暴力に悩まされたとか、権利が剥奪されたなどの苦情は1つも見られない。10シリングしかない人の反対も、

ブロッド農園やウィラード商店の「名誉社主」の反対と同じくらい重大な意味をもった。……正直に告げると、公正になされていたのを裏づけるものとして、私は古い資料で知りえた劣悪な言行、個人的な不満の表明を重視して書いた。つまり、足跡から我々の歴史が賢明で良いものであったと認められるなら自由な論争がなされていたはずだとか、よく意見交換がされているのなら狭い議論もなされていたはずだというのであり、さらには自由と美徳が勝ちを収めているのなら公平な場での勝利だ、というのである。いかにもそれは不朽の証拠であり、それだけ人々の自治能力を保証する根拠となっている、というのである。

　当該の件に発言権のある全住民にたずねないことには、学校の校舎、教会の席、橋、留置場、水車堰など、築造も廃棄も修理も売買も、何もできないというのが、町民集会という制度の帰結である。そしてその結果、みんなが満足する。そして人々は自分たちがこの土地の主人だと、本当に実感するのである。〔その土地の〕曲がりくねった道、石の外壁、救貧院の煙突の煙、教会の時計、それらすべてに自分たちの権限を感じ、暇をみては自分たちの判断の適否について考えたりするのである（Emerson, 1904, pp. 47-49）。

それから1世紀の後、メイン州ブルンスウィックのある市民がこう書いている。

　町民集会は個々人を重視する人の集まりである。ある人が立ち上がって「議長」と叫び、それが正式に認められると、そこにいる誰もその人を座らせることはできない。その人は当の議題について適切な言葉で話し、議事手続きに従っている限り、思うところを表明できる。それを会場で聞く市民も、また、自分に同じ特権があるのを知っている。誰かが発言を望むと、その議題が論議

の対象となるのだ。このことに学び、ヤンキーは町民集会でのこの特権を、私的な事柄にも応用した。それは州や連邦の政治でも同じである。町民集会がヤンキーの思考様式を発展させるか、ヤンキーが町民集会を発展させたか、いずれかなのだが、両者は豚肉と豆の煮込み料理（ポーク・アンド・ビーンズ）のように一体となっており、互に一方が他方を説明するものである。票を投じる者は町民集会では完全に自立しており、集会では多くの決定が下された。そこでは個人は、独立した自我をいささかも失わないでいるし、組織もまた一体感を維持している（Gould, 1940, p. 35）。

　しかしながら、厳しい眼で分析する人は、誰でもが参加できるという、町民集会の高度の包括性というものが、公式的なものにすぎないのを見通していた。

　　町民集会により運営された17世紀の町の統治について語る時、われわれは世界の過去のどの統治形態より民主的だったと考えがちである。規則を作り、歳入歳出を決め、公職者を選ぶのに、全住民が平等な発言権を有していたというのだ。しかし、それは実態とかけ離れている。実態は逆であり、相対的に多くはない住民しか統治に与っていなかった。自由民、つまり公認の教会によく通う正式メンバーだけが、居留地や町の市民と考えられ、投票が認められていたのである。他の町の住民や非自由民も、町の問題の議決に召集され、集会に出席が可能で、すべての問題に発言できたのだが、特定の事例を除き、票は投じられないのだった。したがって各町には、全住民からなる集会と、自由民だけの集会の、2つの集会があった。それぞれの町民集会の特質と任務の相違は、1669年に〔マサチューセッツの〕ドーチェスターでの集会のために出された召集文に示されている。「執政官指名の投票と、副執政官・植民官を選出する自由民の集会を3月の最終週に開催する

との通知文書を発するよう、指示が出された。また、自由民以外の住民も、治安官や郡財政官などを選出するよう、指示が出された」（Maclear, pp. 114-15）。

　町民集会での（発言権とは対照的な）投票権については問わないとしても、町民集会の参加者には、他の参加者より発言力の大きいものがいたのは確かである。他の人よりも仲間以上に尊敬されている者がいた。より多くの情報を持つ者、よく意見を表明できる者、決定の一部や全部に強い関心を払う者がいるといった具合である。金持ちとして、信心深い人として知られる人や、復讐心に燃える者として知られる人がいた。このような個々人の様々な特性が、地域社会で幅広く認識される幾つかのパターンにまとまって働き、相対的に安定した事実上の違いが立法上の影響力にもたらされる。このような立法府を私は「地位がものをいう」議会と呼ぶ。また規則を作る際に参加者の権限が平等でないことは、規則そのものに影響を落としており、それは一貫して市民にいろいろ不均等な影響を及ぼしている。

　シュテファン・サーンストロムは、マサチューセッツのニューベリーポート入植地の立法府について、その記録の要点をこう説明している。

　　町民集会で実施されている民主政治は、連邦党（フェデラリスト）が中心の制度的枠組の中で運営されており、そこには重要な政治的選択肢はほとんど存在しなかった。……投票権を得るに十分な財産があれば、確かに熟練の大工にも町民集会での発言権があり、雇い主の造船所社主や、自分の属する教会の牧師や、他の地元有力者の推す案件に、立って反対するのも自由であった。しかし、連邦党中心のニューベリーポートの社会の枠組では、この自由の行使を思いとどまるようにさせる制裁手段が存在していた。……
　　同調行動への地域の圧力は、恭順投票（deference voting）とい

うパターンを生み出し、そこでは地位の低い者は高い者の指示に従うのである。町民集会では、対立が起こるような、その時々の問題でも、驚くばかりの全会一致になっていたが、それを説明できるのは、この恭順投票の習慣だけなのである（Thernstron, 1964, pp. 40-41）。

全会一致の投票が見られるのはその証拠であるが、それについて複数の解釈があるのは認められなければならない。そして、大工と造船所オーナーの例は、影響力の関係をかなり強く示しており、他の事例——もっと頻繁に起きると思われる事例——で見られる影響力の関係は、曖昧で、微妙な差異でしかない。

したがって、町民集会という立法府の形態が、他の形態と同じように容易に、長期間、市民の間の不平等を安定化させる役をはたしたのかどうかは、疑問が残る。町民集会という形態が、地位に基づく短期的な政治的不平等の発生・拡大を止められないことは、十分認められる。しかし、実際にどれだけ、この条件が拘束的だったのだろうか。中心的問題は、政策の対案をどう扱うかであり、それをこれから検討する。町民集会のように、高度に包括的であり、〔直接参加により〕代表を経ず、地位に支配されている立法府は、現状の維持や、既に定着している規範の適応に役立つし、また、問題解決に際して専門的知識も新しい改革もいらない活動や、地域社会の主張を主な眼目とする活動、人々の間を区分する活動には役立つ道具なのである。つまり、地域社会の地位的構造に基づく制限を設けることは、この種の立法府が行う政策形成の結果以上に、重要な予備的条件づけとなっているのである。

連邦道路計画が実現される前のニューイングランドだけが、開放的で、専門分化していない立法府の典型なのではない。[13]紀元前6世紀から4世紀のアテネ、つまりソロンの時代からペリクレスの時代には、断続的ではあるが、政治的決定の最終権限が20人以上の男性自由民に

委ねられていた。この民会（Assembly）で、500人の審判員からなる評議会が選出され、この評議会が民会を召集し、議事日程を調整していた。また、民会は戦争の指揮官を選ぶ他に、頻繁に1年といった短い任期で多くの公職者を選んだ。

　ペリクレスの時代のアテネでは、

　　　民会は……1年に40回、定例で開かれた。……評議会を統轄する委員会は、毎回議長を抽選で選出した。民会の議長は、民会の当日に評議会を統轄する委員会によって指名された者が務めた。35日から36日の会期で開かれる年4回の定例民会は、それぞれ異なる議事を取り扱う。第1回の定例民会は、公職者が満足いくように任務を果たしているか否かを検討するほか、トウモロコシの配給、防衛、政治的訴追の提案、没収財産の目録、女性相続人の名簿、（年に1度だけの）陶片追放にかけるべき可能性につき検討するものであった。第2回の定例民会では、だれもが私的・公的な問題の動議を審議するよう民会に働きかけることができた。第3回・第4回の定例民会では、民会は抽選により宗教的問題、外交的問題、世俗的問題で、それぞれ提案された3つの動議を審議していた（Webster, 1973, p. 106）。

　短い任期の下位のレベルの公職者を選ぶ方法として抽選が頻繁に用いられたこと、（2万人以上などと）民会の規模が大きかったこと、地域社会の政策を方向づけるのに投票が用いられていたこと、これらはすべてアテネの古典的遺産たる政治体制の驚くべき特徴を示すものである。近現代社会の支配者が直面しているような、時間のかかる、複雑な決定様式の下で、手に負えないような政治制度の運営をしようとしても、それは難しい。人種・エスニシティ・宗教・言語など、頻繁に人々を有害なまでに分離させかねない基本的な点において同質的だったことが、アテネのようなシステムを運営する上での明白な前提

条件であった。これらの点で類似性があると、通常の政策形成における、二次的な問題での不一致を緩和させるのに、十分なだけ幅広く、確たる合意の感情を確保できそうである。

　これに関連して、その執筆者が各町の社会的同質性への脅威となりかねない事柄を直視しているように、ニューイングランドの町民集会の賛美論に紛れ込んでいる、不快の兆候を見ておくことは重要である。

　　　工業都市の多くは、別の言葉を話す他所者を受け入れた。だが、そのような人々の国籍と特質は、町民集会の伝統とは直ぐに不和を引き起こしかねないものである。たとえば、フランス系カナダ人は立派な人々だが、政治では強く結束している。組織体と町民集会は、政治的には別物なのである。
　　　そしてさらに、都市出身で夏に来る人々は……〔と続いている〕（Gould, p. 60）。

　開放的体制で専門分化のない政治社会では、政策形成それ自体はさほど複雑なものではありえない。大概、選択肢は慣習的な扱いがなされる中で大きく減っていく。審議の過程では、適当な慣例的解決策が思い起こされ、正統化されていく。つまり、解決策は、新たに考案されるのではなく、〔旧来のものから〕見つけ出されるものである。先例と現在の状況の間に、類似性が見出され、認定される。このことで、たとえ新しい別の選択肢や技術的な専門家の診断をめぐって論争が行われなくとも、地域社会の連帯は強化される。

　ふつう研究者は町民集会につき、その由来を、〔後に〕堕落して（紀元前404年に終わる）ペロポネソス戦争で消滅したアテネの民会ではなく、アングロ・サクソンの〔部族国家の〕民会（folkmoot）に、求める。W・J・シェパードはこう述べている。

　　　これらの欧州の原初的な討議集会は、部族のすべての自由民で

　構成されているか、そうでなければ、部族が大規模な単位に統合
されている場合には、国民国家の市民から構成されていた。議案
は、おそらく部族の長から成る評議会を経て、部族の長や貴族に
よって提案される（Shepard, 1933, p. 355）。

　紀元1世紀の終わりに、古代ローマの歴史家タキトゥスは、ゲルマ
ン部族の習慣についての記述で、こう論評している。

　　ちょっとした問題の場合、部族長が協議する。重要な問題の場
　合には全体で協議する。ただしその場合も、人々の決定に付され
　る前に、まず部族長が議論する。部族長は新月か満月の定例日に
　集まる。新しい試みを行うのに最も縁起のいい時期と考えるから
　だ。部族長の自由に委ねられていることによる不都合もある。指
　令に従うかのように、部族長が全員決められた日に集まるわけで
　はないことである。召集の遅れで2、3日つぶれるのだ。皆が適
　切と考えると、武装して着席する。このような場合、強制的な力
　を有する指導者は、人々の沈黙を讃美する。王や部族長や、年
　齢・出自・軍事的名声・雄弁などで秀でた者がいると、その説得
　能力からして、命令する権限のある者以上に人々の注目を集め、
　耳を傾けられることになる。提案が受け入れられない場合には、
　参会者は不満の声をあげ、否決する。合意できる時には槍を打ち
　鳴らす。
　　彼らの間で最も名誉ある同意の表現法は、武器を鳴らすことだ
　からである（Tacitus, 1901, pp. 300-301）。

　明らかに、このような立法府の形態が最も相応しいのは、相対的に
小さな政治社会である。町民集会や民会などの制度を根底から揺るが
されるのは、政治社会の規模が拡大した時である。〔小さな〕社会の
全体集会の場や、伝統により慣習的に選ばれたり、同族の絆や抵抗し

えないような力のある、一部の重要な人々の間で、議論したり、合意を形成したりするという方式は、政治社会が増大するにつれ、開放的な制度に取って代られていった。「民主的に」選ばれた議員による制度が発達していくのであった。それを『ザ・フェデラリスト』の著者は「党派の害悪」と呼んでいる。(14)

　このような大きな変化の根底には、審議という過程の目的と特徴が変化したことがある。集団の結束に役立つ規範を再確認するという目的から、合理的な問題解決に役立つ方策を考えることへと、目的が変化したし、審議は全体的な地域社会の利益を目指していたのが、相互の自己利益を目標とするようになった。また、政策を決定する際の手段が、熟慮と正しい原則の追求から、交渉と妥協へと変化したこともそうである。

第6節　開放的体制で専門分化した政治社会
——現代の民主的立法府の多様性

　地域社会の全成員が審議や決定に参加できる町民集会（タウンミーティング）は、相対的に開放的な特徴のゆえに、事後的責任（アカウンタビリティ）、信託・受託（trusteeship）の問題や、住民に対する責任という問題は生じない。しかしながら、専門分化の進んだ政治社会、特に開放的な特徴をもつ政治社会の場合には、この問題が生じる。

　立法府にできるだけ活動させ、立法府の発展に大きな余地を残している場合もある。しかし、専門分化した制度のある、相対的に開放的な政治システムにおいてさえ、立法府が意味ある決定に必ずしも強く関わっているとは限らないことがある。現代の民主諸国では、立法府は各政治システムにどう位置づけられているかで、大きく異なっている。

　最も明白な相違はもちろん憲法上の体制であり、議院内閣制か、

表 3　憲法上の体制（複数政党制の諸国）

	議院内閣制	大統領制	その他	計
欧州大陸	18	1	1	20
東欧と北アジア	—	—	—	0
中　　東	3	—	2	5
南アジア・東南アジア	6	1	—	7
サハラ以南のアフリカ	6	2	1	9
中　南　米	5	12	—	17
計	38	16	4	58

〔完全な〕権力分立の制度〔大統領制〕かである。ジャン・ブロンデル（Jean Blondel）が有益な表（表 3 参照）にまとめているが、それによると（「開放性」の合理的・暫定的指標として）複数政党が活動している58の国のうち、大半が憲法で議院内閣制か大統領制かの何れかを基本的に採用しており、そうでないのは 4 ヵ国だけだった (Brondel, 1969, p. 319)。

　議院内閣制と大統領制の相違は何か。最も明確な相違は次の点である。議院内閣制の場合、行政府官僚制の政治指導層は議会そのものから選ばれており、従って基本的に議会多数派に直接、責任を負っている。それに対し〔完全な〕権力分立制、つまり大統領制の場合、立法府の議員が行政的責任を負う職を兼ねるのは禁じられていることが多く、実際にもまったく兼務されていない（参照、Huitt, 1968）。このような制度が連立政権や政治システム全体にどんな帰結をもたらしているかという点は、よく研究対象とされてきた。しかし、これら様々な制度が立法府にどんな結果をもたらしているかは、それほど詳しく分析されてきてはいない。そこで、表面的な観察でさえも画期的な結論をもたらすことがある。

　例えば米国連邦議会の研究者が、議会の母国〔英国〕のウェストミンスターや、イタリアの下院議会（Chamber of Deputies）、エルサレ

ムのイスラエル議会（クネセト）を訪ねるのは有益である。〔米国〕ワシントンでは連邦議会の建物は活気にあふれ、連邦議会の業務は近くの５つの上下院議員会館に及んでいる。上下両院議員とも執務室とスタッフを有しているのであり、指名候補にしてくれ、議員に当選させてくれた選挙区有権者との緊密な人的関係を保つのを手伝っている。⁽¹⁶⁾そこではコピー機や印刷機が音をたてている。委員会や小委員会が数多くあって、それぞれ調査計画・スタッフ・予算・広報・公聴会がある。そのような中で創造的な活動をしていくと政治的職歴（キャリア）につながり、幸運に恵まれることにもなる。

　米国連邦議会と、英国議会（ウエストミンスター）やイタリア議会（モンテチトーリオ）の違いは目を見張るばかりである。生き馬の目を抜くような米国連邦議会の有様に慣れた人には、英国やイタリアのゆったりしたペース、活気のなさ、はたまた議会内外の業務スペースの狭さは印象深い。両国の議会をガイドしてもらって見学した人は、〔ソ連時代の〕モスクワのエピソードを連想するかもしれない。（典拠はあやしいが）きれいなモスクワの地下鉄ホームを見た米国人が「車両はどこ？」と声をあげたとの話がある。

　英国下院では時折、次のような不満が聞かれる。

　　ポール・ホーキンス議員閣下の演説――議員の皆さん、特に〔当選回数の少ない〕後部座席（バック・ベンチャー）の皆さんは、イギリス議会での業務環境が信じがたいほど非効率的であり、議会の外部からは信じがたい状況であるのを知っておられることと思います。……

　　ロッカーの鍵をもらった時のことですが、それがロッカーの鍵だと分るのに、私は苦労しました。ロッカーは食堂の外側の廊下にあり、そこはウェートレスが食堂へと料理を盛った皿を運んで通る所でした。私は膝をつくのが容易でない体でして、ロッカーの前で屈み込んでいると、皿を運ぶウェートレスを躓（つまず）かせてしまう惧れがありました。６ヵ月後には私は鍵を返してしまいまし

た。その後、同僚議員で書類棚を有している人がいるのに気づき、私も書類棚が欲しいと頼むと、今は空いている棚は１つもないと言われました。４、５ヵ月後にようやく書類棚の鍵を受け取りました。自分もたいへんな進歩を遂げたものだと思ったのですが、その書類棚は一部の同僚と同様、離れた回廊にありました。しかも、その書類棚のスペースは、今や別の与党院内幹事の事務室にあてられる予定のようでした。……

そこにある机は私の専用ではありませんから、毎朝早く行かなければならないのは、無論のことです。ですが９時から９時半の間は清掃の時間で、〔実際は〕10時頃まで掃除夫がいました。

ですが、６ヵ月で書類棚が得られたのはとても幸運だったと思います。嬉しくて秘書に知らせに行きました。ところが――掃除夫は別ですが――そこに女性が入るのは許されないのを知って面食らいました。私は書類整理という新しい業務を覚えなければならなくなりました。私には殊のほか苦手な作業です。しかし、話はこれで終わりません。口述で手紙文を〔女性秘書に〕書き取らせようした時のことです。そのための唯一の場所である面談室のフロアに降りていきましたが、書類棚のファイルから手紙を出してくる必要を感じました。そこでまずエレベーターで２階上に昇り、階段を降り、廊下を抜けたら、また階段を降り、そして議員控室を通って、回廊の書類棚に行かないといけないのでした。そして、ファイルを手にして、また秘書のところに戻るため、同じ道を逆戻りしないといけないのです。

これは時間の無駄と思いました。必要な手紙を書類棚から出すのに毎回10分も費やしたわけです[17]（Hansard, October 1966: pp. 360-62）。

イタリアの下院の業務スペースは、大きいが侘しく、人気のない部屋から成っている。その業務スペースはモンテシトリオと呼ばれる建

物にあって、とても優雅だが、狭く、議会事務局の公務員のエリート
幹部用に当てられている。また、イスラエルの国会では、委員会室に
はほとんど飾りがなく、最小限の机と椅子があるだけである。委員会
スタッフのための設備らしい設備はないに等しいようである。イスラ
エル国会議事堂の上の階には議員個々人の事務室があるが、ほとんど
使われていない。ただ所属議員のいる政党には、かなりの施設が設け
られている。

　開放的体制で専門分化された政治システムでも、各国の立法府の果
たす機能には相違があり、時には明確な相違もありうるが、それを理
解したいと思う研究者は、その様子を見るだけで極めて有益である。
議員が集まり、議事規則に基づき口頭で審議するという形で議事を進
め、議員の公式の意思表明のため投票を行うという点で、各国の立法
府は互に似ている。しかし議会は、各国の政治システムに多様な形で
組み込まれた諸々の組織の活動に作用しているので、各議会での行動
も極めて異なる方法で達せられている。

第7節　アリーナ型議会と変換型議会

　このような相違は、何を背景としているのか。ここで私は先の単純
な憲法上の相違とは別の形で、〔アリーナ型と変換型という 2 つの〕基
本的な類型を提起するが、それは各国の相違をある程度まで記述する
ものであり、各国の立法府権力が〔アリーナ型から変換型まで〕連続
的なスペクトル（continuum）をなして分布している、と仮定してい
る。それは、各国の立法府権力が外部の影響力に対して見せる、強弱
さまざまの独立性を表わすものである。一方の極には、いろいろと出
される要望をまとめ、法律に変換する自立的能力を有し、その能力を
よく発揮する型の立法府がある。そこでは変換という活動が最も重要
となる。その型は、立法府の内部構造、立法府内の分業、多様な立法

関係者の政策選好を重視しているからである。立法上の出力（アウト
プット）を説明するには、単に誰が何を、どの程度強く立法府に要求
したかとか、それがどれだけ不可避だったかという点だけでなく、立
法府の内で誰が何に手を加え、どれだけ熱心に、どれだけ巧く進めた
かを解明しなければならない。

　このような型は変換型の立法府と私が呼ぶものだが、連続的スペク
トルの対極にはそれと対照的な立法府があり、アリーナ型がそれであ
る。専門分化した開放的体制においてアリーナ（論戦の場）は、政治
システムの中で重要な政治的諸勢力が相互作用を展開する公式的場と
なっている。体制が開放的であるほど、アリーナではより多様で、代
表性が高い、責任能力のある政治勢力が歓迎される。アリーナには、
中世や封建時代のような階層社会に誕生した勢力も存在するだろう。
アリーナについて検討しなければならない重要な問いは、18世紀のイ
ギリスについてルイス・ネーミア卿（Sir Lewis Namier）が尋ねた有
名な問い、つまり〈なぜ人々は議員になるのか〉という問いに示され
ている。要するに、議員の人的補充の問題である。そこで重要なの
は、議員になってから、どう影響力を獲得し、行使しているか、とい
うことではない。[18]

　立法のアリーナの在り方からは、実際にはどこに権力があるかとい
う問いには答が出されない。立法行為において行使される影響力の所
在の問題であり、（おそらく現代の民主的システムの多くに当てはまる
が）政党か、経済階層か、国王に従う官僚か、はたまた貴族、聖職者、
それ以外の何であり、いずれに権力があるかという問題である。

　アリーナ型議会と変換型議会の分りにくい相違を明らかにするには、
対照的な２つの引用文が役立つかもしれない。基本的にはどちらの型
の議会も、ともに委員会に分かれて業務を遂行することになっている。
だが実際には、立法府が〔完全に〕独立して業務を遂行するには、効
率的な委員会制度が前提条件である。というのは、立法府は委員会と
いう制度を活用することにより、継続的に〔特定分野に〕関心を払い、

専門性を役立てるなど、分業の利点を生かして、公共政策に対し立法府の影響力を発揮しうるからである。

　この点に照らして、〔米国〕連邦議会の委員会の権力に関してウッドロー・ウィルソンが述べた発言を検討してみよう。ウィルソンは、その状況をよいものと考えてはいなかったが、〈強力な委員会制度〉と〈立法部門の独立性〉との関係について明確な認識を有していた。

　　一般の常識では、連邦議会の意思や存在を代表する、確たる大臣や省庁のようなものはない。下院議長が最も指導力を有しているとされるようだが、立法において下院議長が自分の意思でもって何か建設的な影響力や厳然たる影響力を行使しているわけではない。議長の力はせいぜい下院を率い、下院を機能させるべく、委員の指名に配慮するくらいのことである。それゆえ、すべての立法を掌握するということでは、人々をまったく満足させられないのである。……下院議長は下院の指導者〔たる常任委員長〕を指名するものの、議長自身が指導者ではないのである。
　　下院を主導しているのは、主要な常任委員会の各委員長である。厳格に言うなら、連邦下院では立法の主題の数だけ指導者が存在するとさえ言える。立法の重要な分野の数だけ、常任委員会が存在するからである。下院の業務では、それぞれ１つひとつの議題の検討で、その議題の関わる特定分野の政策につき、所管の責任を負う常任委員会があり、その委員会の委員長個人という固有の指導者によって下院はリードされているのである。情報のない人や非専門家が観察するには、下院は複雑すぎて、ルールをよく理解できないが、それはこの指導者の多元性のためであり、多頭制的な指導状況のためなのである。というのは、常任委員会の委員長にとっては、省庁のように協力してくれる機関がない。各委員長は、同質的で互いに助けとなる措置につき、協力したり、話し合ったりしようとはしない。一緒に行動しようという考えなどな

いのである。各委員会は独自のペース、独自の方法で進められる。
……

　常任委員会の特権は、ルールの原因でもあり、結果でもある。
厳密ならざる比喩的な言い方だが、連邦下院も上院も、奇妙な権
力分散（disintegration）装置と呼ばれるもので議事運営を行って
いる。

　もちろん、各案件につき適切に審議がなされるよう、下院の委
員会制度が各常任委員会に対して、立法の全体的指揮をとる役割
を実際に果たしているのは、言うまでもない。各案件については
委員会が主導権を有しており、立法活動はすべて委員会の圧倒的
な影響力の下に置かれている。委員会が下院の決定につき大枠を
形成し、道筋をつけているのである（Wilson, 1956, pp. 58-59, 62,
64）。

　委員会の存在は、立法府が自立的な役割をはたす必要条件かもしれ
ない。しかし、委員会が存在するからといって強力だとか自律的だと
は限らず、従って委員会の存在が、議会が自立的な役割をはたす十分
条件では決してないのは明白である。その要点は英国下院とカナダ下
院での委員会に関する近年の分析によく示されている。

　議院内閣制の下での立法府では、概して包括的な委員会システ
ムがあまり発達していない中で、カナダの所管別の常任委員会制
度は異色である。ウェストミンスター・モデルに対する合理的な
支持では、次のことが前提とされている。つまり、一般に行政府
に対する議会の影響力は、議会による法案の承認・拒否・修正よ
りも、議会の審議と討論を通じ、〔法案について野党により〕逆宣
伝がなされることで、抑止効果が生じるという形で行使されるこ
とである。英国の伝統の中での裁判所と同様に、議会もまた敵対
的な論争の技術に依存している。有権者を陪審員にして、与党が

政府提案を支持し、野党がそれを批判するという形で議論する。議院内閣制は、合意^{コンセンサス}ではなく、競争に立脚しているのである。議会が強力な委員会を持つことに反対する論拠としては、強い委員会が政党間の相違を覆い隠してしまい、「責任」政府に権限を与えず、「責任を負わない」立法府の委員会の方に権限を与えことになるからだ、ということがあげられる。

　英国の状況とは対照的に、連邦制になって以後のカナダの下院では、各省庁に対応した所管別の常任委員会のシステムが設けられており、上手く運用されていることもある。……しかし、システム全体としては効率的ではない。カナダの下院では現在、大半の議員が（しばしば1週間に5回も）委員会に出ており、下院本会議と同じくらいの時間を割いている。……委員会のより厳格な時間の管理とともに、委員会への権限委譲が明らかに必要である。1969年から常任委員会の活動は、下院の業務の多忙さを大きく緩和させている。……

　多くの委員会では会期中に〔交代して〕差し替えられる議員の総数は、委員会定数を上回る。ある委員が数週間、議会を離れるとき、その党は勢力を維持するため、委員を差し替える。進歩保守党は議員にすべての委員会での委員を経験させようとするが、それにはかなり委員会の所属議員をやりくりする必要がある。議題が地元選挙区の利益などに影響を及ぼすものの場合、議員は審議の際その委員会にいられるよう差し替えられる。このような委員の出入りは、委員が特定されるべきと考える議事運営委員会の考えに反するものである。しかし、議会の議員はスペシャリストであるよりも、幾つかの委員会のいずれかに提出されるいろいろな案件に関心があるようである。

　議員に要請される委員会の業務は多い。一般に議員は複数の委員会に属するが、しばしば同じ時間に2つの委員会が予定されることがあるし、1日に2つ以上の委員会が入ることがある。この

ため、議員はどれか1つの委員会に割きうる時間や関心を削られ、委員会の凝集性と一体感を低下させる。あちこちの委員会に出席して1週間もたつと、議員の方でも、幾つの委員会が開かれ、何が審議されたのか分らなくなることが珍しくない。定足数を充足したり、委員会で党の票数を確保したりするのは頻繁に問題となる。〔諮問機関の〕枢密院の院長付政務秘書官は「下院議員は委員会に姿を見せず、期待通りに参画してはいない」と、不平をこぼしたことがある。

　対照的なことだが、野党は、委員会の業務で議員が下院本会議に精力を集中するのを妨げられていると異議を述べており、与党の方は、政府与党が単に委員会での過半数を維持するため議員を委員会にしばりつけている、と不満を述べるのである。議員の間ではこう語られている。「委員会には行ったり来たりで落ち着かない〔与党〕議員団がいるが、連中がやれる行動は、議員になる前は経験のないことで、委員会で着席し、新聞を読んだり、手紙に署名したり、賛成の挙手をしたりすることくらいのものだ。こういう委員は審議に参加したことがなく、ただ定足数を満たすために座っているだけだ」。……

　英国では、630人の議員のほぼ半数しか常任委員会に出席しないし、特別委員会となるともっと少なくなる。意欲的な委員が存在しないのが委員会システム発展の大きな障害となっている（Franks, pp. 461, 462-63, 465-66）。

　前述のように、アリーナ型議会と変換型議会との対照的様相は、学者が議会の主要なものとして論じる2つの議会——英国議会と米国議会——の相違を上手く掬い上げるものである。他の国の議会は大半がこの2つの類型で上手く整理できる。他の国の議会は、英米のいずれかと瓜二つのものではなく、国情に応じて形を変えたものである。私は英米の2つの典型的ケースを、〔他の人により〕よく提案される

ように二分法の一方とするのではなく、連続的なスペクトルの端近く位置するものとして描くのが有益と考える。

　ともかく一般には、英国はアリーナ型の立法府の母国と認識されているが、それは理解できる。先に言及したように、委員会の存在感が極めて小さいことが、その状況を示している。もう１つ、英国議会の研究者が、長い間、議員の社会的構成に強い関心を払ってきたこともそうである。

　本稿の目的からすると、近代初期の英国歴史家の間で盛んになされた論争、つまり近代議会の形成期に英国政治の主要な行為主体がみせた利己的ないしは階級中心な衝動を、どれだけ重視するかという論争には、立ち入る必要はない。[19]ここでの目的のためには、議会システムでの議員の立場や役割が、その議員の姿勢や影響力を大きく左右している、などという見解を、誰も述べていないのを確認しておけば十分である。その政治家の物腰、「性格、アピール能力、討論能力、威厳」（Namier, 1963, p. 7）は重要かもしれないが、それは組織の特性ではなく個人の特性であり、さらには議会というアリーナの基本的な透明性を示している。

　また、議場の形や、それが議論の中身に及ぼす効果について、英国人が示す周知のこだわりも含め、議会研究者が討論の過程と内容に強い関心を向けてきたことを考えてみて頂きたい（参照、Wheare, 1963 ; Jennings, 1940 ; Taylor, 1951）。討論は概して、この国の国民を教育するための自由な意見表明なのである。また討論は、利益集団を動かす作用もするし、議会の議場だけでなく、議会内の勢力と議会外の支持勢力に対し、忠誠心を表明させるようにも働く。言葉の飛び交う議場の外に、政治家の重視する連携勢力が存在する場合、議会審議の助けとして討論はきわめて有益なのである。また、好んでウッドロー・ウィルソンがそうしたように、討論は協議の形態と対照させて論じることができる。つまり、内心では協議を目指しているか、取引を考えているか、また、その結果、委員会室か議員控室か、はたまた

タバコの煙のたちこめる部屋のいずれが、内輪の政治工作に適している
か、といったことである。

　ジョン・スチュアート・ミルの見解では、

　　議会はこれまで論戦の場（アリーナ）であったし、そうであり続けるべきで
　ある。そこでは、国民の一般的な意見だけではなく、国民各層の
　意見と、出来るかぎり国民の中の優れた人々の意見が充分に明示
　でき、戦かわせることができるのである。その国のすべての人が、
　仲間や自分たちの党派だけでなく、敵対者をも前にして自分の考
　えを表明してくれる人、自分以上に上手く述べてくれる人を見出
　せると考えてよい。そこでは自分の意見が退けられてしまう人も、
　意見に耳を傾けてもらった上でのことだということで、満足を覚
　えるのである。ただ聞く気がないということで拒否されるのでは
　なく、確たる論拠があると考えられ、国民の多数派を代表する議
　員をひきつけている別の意見に敗れて、退けられたからである。
　そこではまた、その国のあらゆる党派や意見はそれぞれ影響力を
　行使でき、それぞれの支持者の数や勢力についての誤った幻想を
　正せるのである。そこでは、その国で優勢な意見が支配的意見と
　してはっきり現れ、それが政府の眼前に多数を誇示すると──
　ただ誇示するだけでよく、影響力を行使しなくてよい──政府
　に妥協を強い、譲歩を強制しうるのである。そしてまた政治家は、
　どんな意見や勢力が強まり、どれが弱まっているのか、他のどの
　手掛かりよりずっと確実に認識でき、現在の危急に対処するだけ
　でなく、広まりを見せている傾向にも、ある程度考慮しながら政
　策を形成できるのである。……私の知る限り、意見表明こそが代
　議制議会の有用な任務なのであり、それ以上の任務があるなどと、
　私は考えない（Mill, 1962, p. 111-12）。

英国の議会は、独自の議論のスタイルを確立しており、それは今日

も続いており、歴史的にも説明可能なものだ。最初から英国の議会は伝統的に、法律を細部にまでつめるよりも、主権者に対して——初期には身分（経済的地位の集団）によって組織化された人々の名において、後期には政党に組織された者の名で——ある種の権利を主張することを、その役割としていた。このことは、多くの議会の特徴となっている。ピーター・ゲルリッヒは、「標準的なパターン、特に中部欧州諸国に見られたパターンは、国王と官僚が主要な社会階級・集団（貴族・市民層・農民）において緩やかに組織された議員に対峙するというパターンである」(1973, p. 96) と言っている。

　中央集権的な統治機構——官僚制と立法府の両方——をめぐる中心的争点は、歴史的に課税の問題であった。王は、自分たちを守り、十字軍を派遣したり外国に遠征したり、公共事業を行い、軍隊の費用を賄うのに、資金を調達する必要があった。その対価として、王は、国の人々に保護の措置をした。社会的義務を履行するための資源、外国の侵略に対して軍事的動員をかける手段、公共の場での法と秩序という基盤の確保、などがそうである。立法府は、納税義務の原則を定める議論の場として機能し、資金の調達を正統化することで、中央政府にとって有益な道具であった。逆に立法府もまた、中央政府を規制できた。[20]

　立法府と主権者の双方がしかるべき地位を占めた後、両者の勢力関係を規定したのは何か？　本質的にはその勢力関係は——王か貴族か、王か軍か、などの形で——より大きい武力をどちらが押さえていたかによって決まった。欧州の歴史における武力紛争の多くは、この問いの検証に帰着する。これらの紛争の後に制定された協定は、軍備管理の協定であり、また課税の程度と税負担の分配に関する協定であった。[21]

　かくして歴史的見地から見ると、中央の立法府の前提条件は、①中央政府を維持するのに相応しいだけの、広範囲の課税が可能となるまでに経済水準が行き渡っていること、②中央政府が、税を一方的に課

すのではなく、税の負担につき相手と交渉できるくらい軍備を展開していること、③兵器の合理的な制限と、人々へのサービスの供給につき、交渉する姿勢があること、である。

　英国議会は、その内部に実質的な立法権限のある機関を形成しないできている。むしろ、そこにできたような内部分化の少ない構造は、政党が当時の政府の必要な道具として、議会を運営していくのに都合のいいようにつくられたものである。さらには、内的分化と内的な機関が抑制されたのは、政府の指導層がそれに抵抗したためでもあった。変換型として議会に力を付与すると、野党が力をもつことになる、と政府は見ていたのである。英国の封建制の上に（立法議会の形態での）近代的な英国民主制を重ね合わせる際に、政党の発達が１つの要素をもたらした。もう１つの重要な要素は、〔君主が統治権を有する〕中央集権的な　執　政君主制の、現代テクノクラシー的後継者たる、
　　　　　　エグゼクティブ
行政府の発達であった。(22)

　英国議会のメカニズムにおける議会政党（会派）の重要性については、一言では説明しきれない。政党の中心的役割は、意思決定者の人材供給源としての役割であり、その時々に政府はそこから人材を得る。しかし、議会政党が政府の指導者の選択・選抜において、また世論とエリートの見解を伝え、増幅し、政策選択を強いることで、集合体としてどう作用しているかは、ほとんど知られていない。議会政党の影響はまったく無視できるものではないが、その影響力は議会の構造上の特徴には現れておらず、議会外の勢力や、個々の議員の性格や人的関係に見られるのではないか、との考えが根強い。しかしながら、現代では後続の政権での役職は、議会政党の中で左右されているのは事実である。したがって、個々の議員が下院で自分について下される評判が、その経歴にきわめて重要な意義を持つので、閣僚を実際に選んでいるのは周囲の平議員だ、という意識がある。事情に通じている議会内の評判は議員の経歴に影響を及ぼすのであり、それは従ってしばしば公共政策の選択肢を拘束する。(23) しかし、ここでもまたヴェールを

剥ぎ、議会内での評判がどれだけ議会だけで決まるのか、英国の統治グループという、広いエリートの副次文化の産物なのか、を見定めるのは難しい。

　議会の研究者は、「下院の真の機能は、政府の政策につき質問し、討議することである」という命題を説く（Jennings, 1940, p. 8）。また、従って、議会の政策決定を理解するには、討議以外のものを見なければならないという。議員の社会的出自や、政府と行政府の計画や、政党の戦略や諸制度がそうであり、また、初期には議員の表出する利益が特にそうであった。米国連邦議会の研究者は同様にして、このような非常に類似した影響力に目を向け、政策の浮上を説明する上で、その重要性を示すに充分なだけの論拠を見出していることも多い。

　しかし、それらの要因はこれまで強力だったが、米国の政策決定過程についての研究者を納得させるには至っていないことも多い。なぜなら、再三再四、政治システムの議会以外の部分からの「入力」と立法過程の最終結果との間に重大な変換が生じたからである。この変換は一般に賞賛されるわけではない。例えば様々な進歩的法案の提案者は、何年も、また断続的に、こう信じてきた。提案をただ上下両院での票決に付することができるなら、自分たちがかなりの多数で、新しく有用な法律を制定できただろうというのだ。上院では彼らの希望は、時には少数派が内部制度の規定を上手く利用することで挫折させられてきた。圧倒的多数でなければ討論を終了させられないと規定している規則がそれである。下院では、より複雑な手段で、不正な工作がなされている。つまり、法案は多くの妨害の手段により本会議に送られない。落とし穴が多く存在し、行く手が阻まれているのである。〔法案の〕主なルートは議院運営委員会を経るものだが、同委員会は何年も超党派の保守派連合によって支配されている。抜本的改革がないならば、この委員会（どの委員会も同じだが）の刷新は、年月が経って古参党員が引退するまで待つことでしかなされないのだった。何もなければ古参議員は、各党内の議員キャリアの順に再指名される慣例に

よって、要職につくのであった。委員会に空きが生じる場合、複雑な椅子取りゲームのような過程を経て、人気あるポストへ新人が入り込むこととなる。委員割当てのこのプロセスは、下院内の党指導層の尽力が必要となり、各州出身の議員の間での競争と、議会委員会に関する党の委員会内での交渉とが、頻繁に必要となる。

　実際、議院運営委員会は、数度にわたり徹底した改革を行わなければならなかった。一番新しいところでは、1961年に下院の民主党指導部が、激しい論争の末、委員会の規模を変えるのに成功している。そうでなければ、誕生まもないケネディ政権の立法計画は、保守派連合に締め付けられていたであろうが、それを防ぐことができたのである。1961年まで、下院民主党は議院運営委員会によって30年以上も苦しめられていた。最近の次の一例は特に忘れることができない。1958年に、有権者は民主党の地滑り的勝利をもたらし、議会へ圧倒的な数のリベラル派を送り込んだ。それにもかかわらず、〔リベラルが多くなった〕その連邦議会で議院運営委員会は以前にもまして保守的にさえなってしまった。レイバーン議長は、共和党院内総務ジョー・マーティンと長期的な取り決めをして、議長にとって特に重要な法案につき委員会で、ささやかながら共和党の協力を引き出したのである。1959年に、下院共和党がジョー・マーティンに代えて、ずっと強硬なチャールズ・ハレックを配した時、レイバーンへの共和党の協力は消滅した。そして、下院全体で活動的なリベラル派が多数を占めたその時に、保守派が議院運営委員会を強く掌握したのだった。

　議会の仕組みによく通じているか否かが、遅かれ早かれ影響するのだ。つまり、議会であれやこれやの立法事案を通したいという、単純でストレートな望みは、仕組みについての詳細な知識に基づく、かなり巧妙な戦略的な計算にしてやられるに違いないのである。

　しかし、このことが政治の研究者に認識されたのはあまり早い段階ではなかったし、認識されないままになったことも少なくない。むしろ、長い年月の内に議会に関する文献には、まとまった２つのタイプ

ができてくることとなった。そして両方ともきわめて似た面があった。一方は、ノスタルジックで、多くは好意的な、議事堂をめぐる懐古的な思い出があって、時には逸話にあふれているものもあるが、多くの場合それさえもない。単なる議会関係者の伝記などがその類である。他方は、議会や議員への非難や、その業績に対する批判である。そこには憲法改正を求める声高な非難もある[24]。双方の共通するのは、事態がどう展開しているかの情報ではなく、執筆者が目にしたことを是認するか非難するかである。そのような原則をめぐる記述は、その価値を議論のしようがない。しかし、実際のところ、各執筆者が連邦議会を支持しているか否かなどの見識は、出版物の刊行の直後はともかく、それ以外では、ほとんど重要と見なされない。その種の憲法改正を求める主張は、数十年という単位で残るものはめったにないし、数年残るものさえもないに等しい。

　しかし、議会についての確たる実証研究は、良いブランデーのように、小さなものでもその価値が長持ちする[25]。そのすべてが議会の内部構造の理解にきわめて重要なものとなるのだ。そういう研究とそれに続く研究については、本稿である程度、詳述しておくに値する。ある立法府をアリーナ型の議会と識別する場合には、議会を研究する学者をして、立法府そのものを詳細に検討するのではなく、政党や社会階層など、議会外の制度への研究に向うこととなる。だが、そうだとするなら、逆のことが米国連邦議会を代表例とする、変換型の立法府について言える[26]。

　一般に過去15年で議会研究は大きく発展したと言われる。その現象は部分的には、米国政治の全体で、急速に多数を得るようになっているリベラル派――多くは民主党議員――と、30年にもわたり議会を牛耳ってきた長年の保守派連合の間で緊張が高まっていることに対する、学術研究の側の対応と説明できる[27]。

　政治学は、政治学を理論化していく任務とともに、実際の政治の世界からも、どちらからもテーマを選び出す、容易ならざる複合的学問

分野である。文化的遅滞と、学術的関心の正常なリズムとを考慮する
ならば、次のこともいくぶん適切かと思われる。つまり、フランクリ
ン・ルーズベルトが1936年以降、ニューディール政策を継続できな
かった無力さや、ハリー・トルーマンの国内政策が議会で成立しな
かったこと、マッカーシーとアイゼンハワーの時代に公民権と社会福
祉政策の分野での提案が、長い間、不快な凍結状態におかれていたこ
と、この３つともしばらくすると、学界で米国政治を観察する者には、
単に個人的に嫌なことというにとどまらず、学問的に変則的なものと
映るようになったが、それも適切だったと思われるのである。学問的
な変則性というのは、連邦議会を単に困った存在とか、隘路だと見て
いることを意味しているのではない。そんなことではなく、次のよう
に問われ始めているのである。リベラル派の学問的原則が実際にそれ
ほど自明なものであり、政治の諸制度が諸原則を法律にできないでい
るだけなのか、それとも、重要であり、研究に値することが議会内に
生じていて、それが制度の惰性以上に、理想的状態に到るのを遅らせ
ていることを、よく説明するのではないか、という問いかけがそれで
ある。

　議会研究の政治学者の間に生じた、この新しい知的ムードに先鞭を
つけた人として、大方の研究者がウィスコンシン大学のラルフ・ヒュ
イット（Ralph Huitt）の名を挙げるのは疑いないところだろう。説得
的な記述、徹底した実証的研究、理論的な精巧さの際立つ一連の著作
で、ヒュイットは議会の内部構造と議会特有の文化の研究を、学術的
論題のトップの地位に上らせた（彼の著作はHuitt and Peabody, 1969に
集められている）。

　議会を〔国の文化の〕副次的政治文化として見る彼の鋭い眼識は、
特定の構造的な制約の下におかれている人間性と人的相互作用とを、
より大きく捉える視覚の産物であるが、それは彼のより一般的・理論
的な努力からして明白である。しかしながら、ヒュイットの視角に
人々が特別の関心を寄せたのは、彼が経験的事実の解説でその有用性

を示したことによる。初期の論文（Huitt and Peabody, pp. 77-112）は、議会の規範が実際にどう作用しているかを明らかにするために、委員会の公聴会記録をどう読むことかを示したものだが、それは比較的簡単なものであった。その後、3つの重要な事例研究がなされた。1つは、ウェイン・モースが所属会派を変更した時、彼に対する制裁につき、上院の内部規範が適用される際の制約のあり方に関する研究である。もう1つは、上院の高度に構造化された制約条件の中で、党幹部が利用しうる資源を、リンドン・ジョンソンが手中にして活用した方法についての研究である。もう1つは、ウィリアム・プロクスマイア（William Proxmire）が、許容される上院議員の行動範囲について検証し、その説を上院の現実でチェックし、妥当するのを確かめた研究である。

　以前、きわめて博識で賞賛すべきジャーナリスト、ウィリアム・S・ホワイトがもの悲しい表現で、上院を〈画然と社会から区別された構成物〉としていた。ヒュイットの制約条件への関心はそれ自体、文献では既に利用可能だったこの洞察を、学術的に展開したものであった。ホワイトの定式の問題点は──他にもあったが（参照、例えばPolsby, 1964 and 1971a）──1つには、そこで定式化された公式的で形式ばった行動規範が、現実の議員相互の行為を十分に記述したというよりも、理想を描き出したものであったということである。現実にはヒュイットが見たように、ホワイトの記述したような要素は多くあったが、他の要素も存在していた。また、ヒュイットの説明から導かれるものは、ある中核的な価値観や期待を維持しているものの、多様性と対立を含み、変革さえも許容しうる社会組織としてのイメージである。

　ヒュイットの影響は文献にとどまらず、ウィスコンシン大学の大学院にも広がった。そこでは数年の内に才能のある数人の研究者が生まれ、彼らは議会研究の状況を一変させるような先導者として一角を占めていった。その結果、利益団体が議会の委員会組織に対して用いた

手段（Jones, 1969）（Ph. D., Wisconsin, 1960）、下院の委員会の過程での、きめ細かい政治的工作（Masters, 1969）（Ph. D., Wisconsin, 1955）、議会スタッフの行動範囲・影響・資質（Patterson, 1970）（Ph. D., Wisconsin, 1959）といったテーマの周辺に、知識が蓄積され始めたのである。[28]

　他の研究者は、他の大学で学んでいたが、じきにその中心的主張を理解し、より精巧なものとしていった。彼らは1950年代後半から60年代初めには独自に、議会の特徴について似たような結論に達し、議会研究のための高度に生産的戦略に至った者もあった。特に、コミュニケーション理論とアーサー・ベントレーの交換論的社会学を知的基盤とする、独創的で博学な社会科学者ルイス・アンソニー・デクスターは、早くも1954年にこう述べていた。議員が受ける外からの刺激を、どう知覚し、どのように活性化したり規制したりしたかを実証研究で見出す前に、議会に対する「圧力」を議論するのは、愚かなことだった、と。「圧力は、それをどう見るかだ」とデクスターは断言している。彼は自分自身の著作で、外からの刺激が同じもののように思われた時であっても、議会の反応には大きな相違があったことを示した（参照、Bauer, Pool, and Dexter, 1963 ; Dexter, 1954, 1966a and b）。

　その相違を説明するものは何であったろうか。一部は確かに、それぞれの議員が社会構造全体の中で占める位置の相違のためであろう。社会での位置によって潜在的な関係が異なってくるのであり、それは例えば選挙区ごとの指名受諾や選挙の過程での相違や、〈個々の議員の経歴の志望と自己認識〉と〈外からの議員への要求〉の間の相違によって媒介されている（参照、Snowiss, 1966）。しかしながら、立法の結果に関する限り、デクスターの研究で最重要と分かったのは議会の内部構造であった。「圧力」はどれほどすさまじいものであったとしても、それが法案を担当する委員会の委員でない議員に加えられたり、検討が終って2週間してからのものであったりしたならば、無駄とならざるをえないのである。圧力団体が声をあげたり、予算規模に驚いたりして出す雑音だけを考察し、〔圧力の〕受容と服従という構

造的問題を無視するような研究者は、森林で聞こえもしない木の倒れる音を研究しているようなものであった。

仮に、ウィルソンがずっと前に主張したように、議会の委員会が（非活動も含めて）実際に活動がなされる場だとするならば、研究者は委員会とその活動について詳細に学ばなければならなかったはずである。研究者がじっくり精査しなければならない委員会としては第一に、下院議事運営委員会がある。それは長い間、リベラル派の大統領や多数党の多数派〔民主党リベラル派〕にとって、最もやっかいな存在であった（Robinson, 1963 ; Peabody, 1969）。他の委員会研究もすぐに続いた。リチャード・フェノーの歳出委員会についての簡潔な考察（Richard Fenno ; 1966）は、委員会の活動パターンが――分業がどうなっており、その任務の遂行で委員がどのような期待や制約を感じているか――委員会の所掌事項や議会内でのステータスに直接、関係があることを、はっきりとさせた。続いてなされた6ヵ国の議会委員会（1973）の比較研究では、フェノーはそれぞれの委員会がどのように議員の異なった野心を満足させているか、また、それぞれの仕事を徐々にそれぞれの方法でどう進める傾向があるかを示して、この中心的洞察をさらに発展させた[29]。

議会で政党が〔上院下院の〕指導部を選出する方法では、米国ほど内部の基準が明白な国は他にない。1960年以来、指導者が選出されるのを観察する機会が6回ほどあった。1回目の1962年の下院多数派の指導部選出争いの際、ある候補者は役職を得る運動で「内部」戦略と呼ばれる戦略を採用した。個人的関係や友人関係、さらには既存の内部構造の正当性を強調する方法である。それに対してイデオロギー、政党綱領、選挙区圧力を強調するのが「外部」戦略であり、それを採る候補者と先の候補者は好対照をなした。内部戦略の候補者がわけなく勝利を収めた（Polsby ; 1969）。

両党とも議会指導部の選出過程では、「外部的」基準は一般に時々影響を及ぼすにすぎない。これは、ロバート・ピーボディの1962年以

後の指導部競合についての実に詳細な検証で得られた確たる結論である。しかも、これらの研究を行うためピーボディが、アリーナ型議会の称賛者であるウッドロー・ウィルソンの調査を追試していることは特筆すべきである。ウィルソンは直接、連邦議会を研究できるようジョンズ・ホプキンス大学ボルティモア校を離れなかったのを誇りにしているが、同じ大学の教授だったピーボディも数十年にわたり議会に住んでいたも同然だった。[30]

　議会の内部構造の強さと、それが立法府の業績に及ぼす影響の重要性は、研究者をしてこれがどれだけ続くのか問わせることとなった。目的に応じて、異なる回答ができる。例えば、19世紀初頭には議員の〔ワシントンの〕宿舎でできたグループが議会での投票に重要な意味をもっていたとするヤング（James Sterling Young, 1966）の研究は、いつも議会内の集団が議事の運営を支配していたことを示すものである、といわれることがある。しかし、ヤングの包括的な議論では、当時、連邦政府はあまり重きをなさず、連邦レベルの政党組織もまだ確たる実体をなしていなかった。連邦議会がアリーナとしても、〔実質ある〕立法府としても重要だった、ということである。

　もっと興味をそそられる例もある。最初に――たいへん成功しているわけではないが――ロースマンがハーヴァードの博士論文（David Rothman, 1964）で米国上院について展開した議論があり、すぐ後にそれはプライス（Douglas Price, 1971）によって下院についての、示唆に富む研究で洗練されていった。両者は1870年から1910年の間のどこかの時点におそらく転換点があったという。政治学では1896年の連邦選挙で生じた政党支持の再編成に、すべての原因を帰する傾向が強くなっているが、しかし、少なくとも議会の時系列の実証的指標を注意深く検討すると、その説は支持されないようである（Polsby, 1968）。しかしながら、連邦議会の重要な変化は確かに「1896年体制」の産物であるとの考えを捨てるのは時期尚早である（参照、Schattschneider, 1956；Shannon, 1968；Burnham, 1970；Brady, 1973；Ray,

1974)。差し当たりデータは少なくとも、19世紀の最後の10年間に、議会内組織の壁が高くなり、議会内がより複雑になり、また議会内の議事運営の意思決定が自由裁量から普遍的基準へと大きく転換されるなど、「制度化」のようなものが下院で生じたことを、示唆している。

　制度化の研究では、控え目な測定法が使われ、上手く行かなかった点がある。その1つは、行為主体が周囲で起きている構造の変化をどう感じていたかを、明確にできずにいることである。19世紀の末に議員の経歴を積みはじめ、経歴が20世紀へと及んでいる下院議員がいるが、そういう議員は、長い経歴の初期にさかのぼることで理解が可能となる。そういう例は1世代前には、あまり一般的でなかった。したがって、自分たちの議員生命を左右する、新しい環境での可能性を議員がどう認識し、その認識のパターンがどのように議会制度内での彼らの行動様式に影響したのか、問題とするのは有益である。競争のかなり早い段階で先任者には想像できなかった方法で、自分の経歴が議会に関連づけられるのを知った議員がいる、との主張が妥当ならば、議会に生じた新しい期待（例えば専門化と特定主題への特化への志向）に対応して議会行動も変わるだろう、との推測もまた妥当である。また、大部分の現職下院議員の引退後にのみ、劇的に現れがちな、在任期間など数量データで実証的に測れる構造的変動にも対応して、議会行動が変わるとの推測も妥当である。そのように、現在利用できる方法は、「1896年体制」の仮説（さらに言うなら、米国政治のこの領域における変化の原因を1893年の不況までさかのぼる仮説）の裏づけとはならないという事実は、これらの仮説が正しくないのを示す決定的な証拠とは見なされていない。

　歴史家は、同じ時期に米国の他の諸機関について、これと類似の制度化のパターンを見出している。現代の医科大学で（Fleming,1954）、また博士号授与の大学で（Veysey, 1965）、さらには民間企業で（Chandler, 1962）、同じような時期に制度化のパターンが見出されている。制度的構造の重要な近代化と業務の標準化が、農業・輸送・金

融の分野で同じ様に見られた（Wiebe, 1967）。しかし、類似性が観察
されるからといって、それが説明となるわけではない。しかしながら、
連邦議会の近代的な制度的構造と関係ある諸要因から、歴史上の偶然
を除くならば、それらに帰されるものが歴史的な原因と主張され、最
後にはこれらの他の米国の諸機関の近代化の原因とされるものと矛盾
するわけではない、と仮定するのも合理的に見える。

　研究者は、制度化には良い面・悪い面の両方があると主張した。一
方では高い社会発展と制度的「統合性〔インテグリティ〕」を表わしており、他方では
組織の後退と分離、イニシアチブの不足を表わしている。

　　　20世紀の間、議会は社会変動から生まれた新しい政治勢力には
　　近づかないようにしていた【と、ある人が書いている】。……そ
　　れゆえ、連邦議会の指導層は生じてくる国政問題の扱いで、立法
　　上の指導力を発揮する誘因を欠いていた。……議会の議員は、他
　　の全国的指導者の中で「孤立」していた。全国的指導層の集まり
　　では、「議員は存在感が乏しく、存在感のなさが目立つように
　　映った」。それを証明するデータの１つは、かなり決定的である。
　　1956年から1960年までの全米の10の会議に参加した延べ623人の
　　世論指導者のうち、９人（1.4%）しか連邦議会議員がいなかっ
　　たというのだ！　米国議会では小都市、自営農、小企業主といっ
　　た19世紀の気風〔エトス〕が依然として、制度上の防壁に隠れ、新しい米国
　　から議会を引き離すべく、20世紀に発達した塹壕で守られている
　　（Huntington, 1965a, pp. 8, 15, 16）。

しかしながら、

　　　高度に発展した政治システムにおいては、発達の遅れたシステ
　　ムに比べ、政治的諸制度の統合性が高い。ある程度、政治以外の
　　集団や過程の影響から引き離されている。発展途上の政治システ

ムでは、議会外の影響に対してきわめて弱い。

　最も具体的なレベルでは、自律性には一方で社会的諸勢力間の関係も含まれるし、他方では政治的諸制度間の関係も含まれている。自律性という意味での政治的な制度化は、社会の利益集団の利益を単に表出するのではない政治的な組織と手続きが発達することを意味する。……司法府は、明確に司法的基準に依拠している程度において独立しており、また、思考様式と行動とが、他の政治的機関や社会諸集団のそれから独立している程度において独立している。立法府もまたそうである……（Huntington, 1965b, p. 401）。

　部外者がこの論争に参加するのは、確かにあつかましいことであろう。それが明らかにする矛盾は、根本的な現象についての、より適切で操作的な指標を採用すれば、解決できるかもしれない。解消できないにせよ、少なくとも、無視できる程度にはなろう[31]。これらの幾つかは実際、アメリカ下院の場合にはそうであったし（参照、Polsby, 1968）、他の議会については、そうである可能性は高いように見える。

　確かに制度化が、不可逆的・一方向的・単調進行的でないにせよ、必然的過程である、というのは正しくない。制度化が進む場合、様々なパターンがありうるのである。しかしながら、何かある領域の制度化の原因と結果を調べるには、定式化する説明様式が他の状況についての知識と両立するものかどうか、検討しておくのは合理的なように思われる。経営組織での人間行動を統括する諸々の法律がなければならないように、立法府のためにも諸々の規則が必要であり、高等教育機関のための規則、法曹界のための規則、軍隊のための規則もなければならない。発展と変化を説明するとされる命題では、各領域に――共通性とはいわないまでも――少なくとも類似性が内在していなければならない。この類似性が明らかにされるならば、ある領域の事例が別の領域について主張される命題を、強化する場合も弱める場

合もありうる。そうでない場合には、命題は興味をかきたてるに十分
な一般性がなさそうである。

　アリーナ型議会を研究する際の特有の問題をまとめ、それを変換型
の立法府を研究する際の特有の問題と対比することは可能である。ア
リーナ型議会の場合、〔法律など〕立法として出てきた結果を説明す
る上では、外部からの影響が決定的に重要である。変換型の立法府の
場合は、議会の内部構造と副次的な文化規範を説明する要因が最も重
要である。アリーナ型議会を研究する者は、議員の社会的背景[32]、議員
のリクルート（補充）、「圧力」団体、議会外の政党政治の動き、議会
内の会派組織、討論（ディベート）といったことを必然的に研究することとなる。
変換型の立法府を研究する者は、委員会の構造、指名の過程、制度的
な社会化の過程、議員による利益の認識と調整、米国連邦議会におけ
る州代議員のような非公式な立法府の集団を考慮しなければならない
（Fiellen, 1969 ; Kessell, 1964 ; Clapp, 1963 ; Deckard, 1972, 1973）。また、
内部手続きの規則の実際の運用、年功序列のような慣習をも考慮しな
ければならない（参照、Polsby, Gallaher, and Rundquist, 1969 ; Abram
and Cooper, 1968）。

　アリーナ型議会と変換型議会の純粋な類型の間には、濃淡さまざま
なタイプの議会が連続体をなして広がっているが、その幅の広さと主
な特徴についてはあまりよく理解されていない。部分的にはおそらく、
純粋な類型とされるタイプが、その時々に生じている例外的な事柄の
ために、理解が妨げられているためであろう。例えば米国連邦議会が、
〔人種問題がらみの〕バス通学といった争点で、有権者から発せられ
た明確で緊急の要望に従った場合がそうである。また英国議会の平議
員の少数者が例えばスエズ問題で行動した場合もそうである。これは
英国のシステムとして定着することはなかったが、少なくとも短期間、
立法機関に独立して動く機会を与えたのであった（参照、Epstein,
1964 ; Mackintosh, 1972）。

　これらの攪乱要因にもかかわらず、〔2つの純粋型の間に〕合理的

に説明できる、幾つかの明確に中間的な議会が見出せるものだろうか。観察から、ある程度の妥当性ある１つの仮説がもたらされる。つまり、現代の民主的政治システムにおいて立法府が有する独立性と、それゆえの変換の能力に影響するものは、会派〔議会内の政党〕の特徴である。そしてこのことから、次には多くの個別の要因に注意が向けられることとなる。これらの要因が及ぼすと仮定される影響力について、整っていない命題の形ではあるが、ただ述べるのはきわめて容易である。

1　立法府をまとめる議会の支配的集団によって、受け入れられる連携勢力の幅が広いほど、立法府はより変換型に近くなる（その独立変数は、例えば階級の同質性や政党支持者の集団的構成によって指数化される[33]）。

2　立法府の会派の運営が、あまり中央集権化されておらず、階統的でないほど、立法府はより変換型に近くなる（その独立変数は、例えば役職指名の過程を統御する中心部によって指数化される）。

3　特定の継続的問題で議会多数派の構成があまり固定的でなく、確たるものでないほど、その立法府は変換型に近くなる（独立変数は、例えば継続的な投票についてのブロック構造の分析や、複数政党のブロックでの一致の度合いよって指数化される）。

議会の２類型の連続体の両端においては、その影響はかなり単純明快に見られるが、これらの独立変数がすべて、幾つかの同じ路線にそって並んでいるとは限らない。米国の立法府の政党は、きわめて連携が自在で、地方分権的であり、柔軟である。それに対して、英国議会の政党は、幾分、他の党と連携が少なく、階統的で、固定的である。また、変換機能の点で両国の間に位置する各国は、様々なパターンを示している。

オランダ

　オランダの政治システムは、行政府と議会（スターテン・ヘネラール）の間での緩やかな権力分立が特徴である。閣僚は議会で発言できるが、議会の構成員ではなく、投票もしない。また、その多くは議員からは充てられない。議会での業務はフルタイムの職業となっていない。また、オランダは小さな国なので、議員は一般に自宅に住み、〔議会のある〕ハーグに通勤している。議員は地元の選挙区で選ばれるのではなく、全部で18ある〔比例代表制〕ブロックで選ばれる。また、議員の属する会派は、よく組織されているものの、党議拘束は厳しくない。立法の主導権は、大規模で強力な公務員と協力して業務を進める閣僚の手に握られている。しかし、議会は本質的な修正を加える権利を保持している。優越した地位にある下院（Tweede Kamer）は、過去20年の間に専門的な委員会制度を発達させている。また、議会は特定のテーマにつき個々の大臣に質問する特権を有している。さらには、時に米国議会の調査と似たような調査を行うことがある。

　オランダの政党は小党が多く、政権を形成するには連立しなければならない。政党は多少分権的で、適度に柔軟であり、継続的に議会多数派を形成できている。レイプハルトは、「主要な立法のなかには、『与党』の一部が反対に回り、一部の『野党』が協力することで可決される場合がある」と述べている（Lijphart, 1968, pp. 136-37）。結果的に、オランダ議会は米国ほどではないが、大半の議院内閣制の諸国よりも変換型議会としての性格が濃くなっている（参照、Veil, 1970）。

スウェーデン

　スウェーデン議会（リスクダーグ）での政策決定は、相互に影響しあっている次の3つの勢力によって行われている。まず、内閣・行政官僚であり、諸問題の多くを提起し、国会スタッフとしての業務を進め、それゆえ国会の成り行きに外から影響を及ぼす強力な存在である。次が国会の会派（政党）であり、第3が国会内の委員会である。各会

派の幹部会は、所属議員に特定の問題の背景につき調査資料を配布したり、すべての重要問題で生じる交渉プロセスで重要となる指導部を選出したり、国会の戦略・戦術を策定したりする。しかし、幹部会は議員に一括して決まった投票を申し渡すことはない。ジョーゼフ・ボードは、「所属政党以外に、個々の国会議員の忠誠心に訴える他の勢力が存在する。その中には、全体としての国会の意識、特別委員会のもつ品位、特殊利益集団の成員であること、議会内における全国的政党と多様な議員グループの要望などがある」としている（Board, 1970, p. 137）。ある程度重要な立法はすべて、委員会を経由する。委員会の主導権は大きく制限されているが、委員は個人的に会って、（主として）政府、時に一般議員から提出される法案を細部まで練り上げる。委員会の委員は、その委員会の業務を専門として、年数を重ねていく傾向がある。政府と公務員のスタッフ業務の影響力が強く、独立的な委員会スタッフは脆弱なので、委員会の指導部は米国連邦議会に比べ、ずっと重要性が低い。委員の討論も純粋なアリーナ型に比べ、ずっと重要性が乏しい。「重要な問題に関する決定は概ね委員会の場か、政党間の合意でなされてきたようであり、従って討論はあまり意味のないものになっている」（Board, p. 140）。従ってスウェーデンの議会は、穏健を好む国民性から伝説となっている親和性を完全に満たしているように見える。また、それが穏健な連立志向の会派からなる、変換型にやや近い立法府としているのである。また、そこでは緩やかに中央集権化された政党運営がなされ、継続的に形成されている議会多数派が、構成の上で適度に相違のあるものとなっている。

ド イ ツ

　ドイツでは、主要政党、特に社会民主党（SPD）の連携の可能性が増大するにつれ、議会の委員会の影響力と重要性が緩やかに増大してきた（参照、Loewenberg, 1967, pp. 151-52）。キリスト教民主同盟・社会同盟（CDU/CSU）よりも社会民主党で明確だが、党議拘束は比較

的強いままである。時の政権を「当惑させる」重大問題については見られないが、キリスト教民主同盟・社会同盟の議員は、ある程度の数がまとまって、造反することがある。傾向としては、明らかに連邦議会（下院）の専門の委員会が影響力を増してきており、会派内のグループの代表者間で議案通過のために相互に協力するケースが増えている（彼らは委員会の独立性が高まる傾向によって助けられている）。研究者は、一般には変換型議会に特徴的な事象──例えば、私的事務所や議員スタッフ、さらには参加者討論の重要性の低下、委員会での政党の枠を越えた投票の増加──に次第に注目するようになっている。[34]

イタリア

　イタリアでは、議会を主導する第一党は連携能力が高いが、他の政党はその点ではずっと劣っている。イタリアは、本稿の尺度では３つとも中間的な所に位置する。どの政党も所属議員に強く党議拘束をかけるよう努めている。また、各党首脳陣は少数の主要な政策問題で、いったん立法府の多数派を固めるのに成功すると、〔連立〕政権を形成する。ただ、そのための能力は議会での政党の勢力関係で限定づけられており、具体的な政策の細部をまとめなければならないので、その力はしばしば弱まる可能性がある。しかしながら、両院の委員会にはきっちりした予定表があり、やや重要性が劣る問題では、いつも政党の統制力が問われることとなる（下院で14回、上院で12回）。そして憲法上の規定により委員会は幾つかの条件の下で、独立して法律を決めることができる。これらの構造上の特徴に加え、党内派閥のため最大政党の党議拘束があまり強くないこともあって、立法府が時の政権を直接脅かす可能性がない場合、議会に重要な変換機能を果たさせる機会が生じることがある（参照、Manzella, 出版年不詳）。

フランス

　第四共和制のフランスは準アリーナ型議会に分類されねばならない。政権の不安定性に起因しているのだが、狭く専門を限定し、時に強力となる委員会を発展させた（従ってある程度の変換能力を有する）。共産党は例外だが、他の会派はきわめて分権的で、非階統的である。このことは、挙党的な連立政権が樹立されなければならない場合、イデオロギー的に中道に近い政党ほど、より明確であった。政党は党内凝集性が弱く、小党が分立して、大きな反体制政党が存在する（立法府の多数派を崩壊させるのに力があった）という要因が重なっていたが、このことは、継続的な主要問題に対処するには、限られた特定の多数派〔政権〕しか存在しないということを意味していた。

　そのような状況は、別の環境にあれば、変換型の議会を発達させることになったかもしれない。しかしながら、政党の党議拘束が弱いこと、確たる立法府の多数派が少なかったこと、また逆の方向に作用する第三の要因——広い基盤に立脚し、議会をまとめ上げうる、1つか2つの中核的政党が存在しないこと——もあって、変換型の議会の面は1つしかなかった。変換型としての唯一の特徴は、立法府に政権を崩壊させる能力がいつもあったことである。政府は政策を策定し始める組織なので、間接的な方法だが、この力を行使すると、立法府は政策への影響を及ぼす自立的な機会を得るのであった。しかし、議会それ自体が議会の作動のための内的要請に合わせ、特定の政策の細部を変えるという意味での、変換の作用はほとんどない。

　第四共和制のフランスについて、立法府内の政治が重要であったとか、立法府の構造上の要因（例えば委員会）が重要だったが、議会は無力でもあった、と研究者が主張する場合、言われているのは次のことである。つまり、第四共和制の議会は純粋なアリーナ型から少し離れており、政策それ自体の細部について変更する能力はないが、政策決定者の帰属意識を変える能力はあったということである。[35]

　フランスの第五共和制憲法は（何よりも）このジレンマに対処する

ため、立法府をアリーナ型にすることを意図したものとなっている。主として、議会とは別に選出される大統領の存在のゆえであり、次いで大統領与党のためである。立法府がいかほどか変換型の特徴を持つ可能性は——起草者が期待したように——憲法上の制度設計^{エンジニアリング}によって排除された⁽³⁶⁾。投票の形式を決定する権限と同様に、議会の議事テーマは完全に政府の手に委ねられた。政府だけが歳出を伴う法案を提出でき、議会は減税の法案も、歳出も提起できない。上下両院はそれぞれ、常任委員会については最大で6つに数を制限されており、このため各委員会は大きすぎて、自立的に立法での入力をできなくされてしまっている。政府はどんな立法についても自由に「信任」を問うことができるが、議会は、大統領を「不信任」投票で「解任」させることはできない。生じうるのは議会の解散だけである⁽³⁷⁾。

ベルギー

ベルギーでは3つの主要政党（会派）が、まずは党議拘束が強く、議会での投票はほとんどの問題できわめて予測可能である。さらには、各会派はけっして支持基盤が広くなく、言語対立が顕著になるにつれ、連携能力が乏しくなっている。これは非変換型議会の古典的な対応であり、実際、内閣樹立の方法によって、立法過程が規定されているのが知られている。内閣は、議会が検討してきた提案を事実上すべて策定していく。特別の法案で、採決の際に各党の意向から逸脱する者があると、連立与党は危険にさらされる。委員会は存在するが、実際の仕事は、利益団体と党首脳陣の間での交渉という、議会外の場所で進められる。コードン・ベールは「内閣、多数派諸政党、利益団体の間で折合いがついている場合、提出された法案が議会を通過することは、ほとんど疑問の余地がない」と述べている（Veil, 1970, p. 170）（他に参照、Lorwin, 1966）。

表4は、これまでの簡単な欧州〔各国の議会〕の概観を要約したも

表4　立法府における変換機能の決定要因

立法府の独立制	例	議会における多数派の形成	会派の運営	継続的な政策の多数派
変換型	アメリカ	高い連携可能性	強く分権的	きわめて柔軟
準変換型	オランダ	連携可能	分権的	柔軟
	スウェーデン	ある程度の連携可能性	やや分権的	やや柔軟
準アリーナ型	ドイツ	連携可能	やや分権的	やや柔軟
	イタリア	連携可能	やや集権的	やや固定的
	フランス第四共和制	不安定	分権的	柔軟
アリーナ型	英国	ある程度の連携可能性	集権的	固定的
	ベルギー	乏しい連携可能性	集権的	固定的
	フランス第五共和制	乏しい連携可能性	集権的	固定的

のである。その表は多かれ少なかれ、先に示した3つの命題と一致しており、対象である各国議会が、変換機能の点で多様であり、4つの主要なタイプに収まることを示唆している。これらの「知見」はもちろん、話半分に聞かれるべき事柄以上のものである。それらは単に安易な分類と、個々の国の政治についての表面的な知識に基づくものだからではない。このような試みはせいぜい、最終的に結果に影響を及ぼす議会の能力が多様であるのを説明する、変数を示す例として役立つだけである（他の試みについては参照、Kornberg, 1973 ; Mezey, 1974 ; Grumm, 1973 ; Shaw and Lees, 1973）。

第 8 節　立法府の改革——変換型に向けての改革か？

　議会の独立的な力を高めるべく、立法府を改革していく問題につい
ては、学術的にはほんの少しの注意しか払われてきていない。意識的
な改革論者にとっては、米国連邦議会をモデルとするのが、さしあた
り良いものとなってきていた。つまり米国の州の立法府では、相当の
歳費を支払うこと、自立的なスタッフのサービスを導入すること、審
議のため立法府に許される時間を長くすること、といった改革がそう
であった（Citizens' Conference on State Legislatures, 1971 ; Rosenthal,
1974 ; Herzberg and Rosenthal, 1971）。各州の立法府にとって重要だっ
たのは、立法府の審議・監視・法律制定の能力を専門化していくこと
であった。このことが意味したのは、〈地域社会に根を持つアマチュ
アの市民〉とされていた議員につき、代表としての存在意義から、他
に強調点を移すことであった。それは、議員に州首都での会議に頻繁
に出席するよう求めることとなった。また、それにより地方の要望が
議会であまり強調されなくなったが、反面で立法の仕組みがより重要
となった。いくつかの州の立法府は、その後数十年間、連邦議会の歩
んだ道と極めて似た道を歩むこととなった。
　しかし、アリーナ型議会における同様の改革の方向性はどうであっ
たか。例えば、政府と省庁の立場からすれば、英国下院の特別委員会
に、同様に権限を付与するのは自殺的行為である。そのような動きは
野党の手に重要な武器を渡すことになるからである（Royal Commis-
sion on the Constitution, 1973 ; Hill and Whichelow, 1964 ; Walkland, 1968,
pp. 99-104 ; Crick, 1965）。英国には、権力の分離・分立を正当なもの
とする憲法体系がなく、また、政治史上、政党の構造と政策決定で分
裂を経験することがなかったが、それでも作動しているのである。
従って、その構想は強く主張されたが、英国の政治構造の特質とは無

縁なものに見えるのである。米国の政党でも数年前、英国贔屓から似た動きする者があったが、英国でのこの構想は、あたかも小さなボートで荒れ狂う大西洋に漕ぎ出し、無謀にも〔米国の東端〕イーストポートから同じように漕ぎ出してきた者と、大海原の只中で遭遇するのを期待しているようなものである。

　その間、ドイツの議会は近年、米国モデルに倣い、そのモデルに近づくべく緩やかな動きを見せてきている。そして、それがために米国で聞かれたのと似た苦情が出るに至っている。つまり、政党の責任が十分でなくなる、公的な事後的責任が十分でなくなる、討論が充分でなくなる、というのだ（参照、Hennis, 1971）。次のような対立状況では、明らかに進行中の立法府の問題を完全に解決する方策はない。一方において、議会内で専門化と特定化を進めるのに対応した権限を付与して、その能力を高めながら、他方において、代表性と事後的責任を求める要望に応え、外部からの要求に応える能力を高めるという必要性を満たしていくこと、この2つは〔二律背反で〕完全には解決できないのである。ウォーターゲート事件で汚された政権を追放するのに、米国の政治システムが露呈した無能ぶりを観て、遺憾に感じた者は、不信のために議会政治が崩れる際のスピードの速さを指摘したものである。

　しかし、その後、同じ研究者はある程度、議会制の各国が次々と安定的な多数政権の形成で大きな困難に直面して政治的に責任を負わない官僚制に統治権力を効果的に委ねていくのを、目にしなければならないこととなった。事情が事情なので、研究者がいろいろな組織の構想について、また、それゆえ望ましい状態へ政治システムを変えていく各種の改革について、強力で意味ある助言で評価を下すこともありうる。しかしながら、ある状況の下では選択肢がすべて高くつくものとなり、非能率的であることがあり、それは回避できない。

第9節　専門分化され、開かれた体制における代表

　これまでの本稿での議論では、専門分化され、開かれた体制での立
法府の意思決定構造につき特徴的な範囲を識別できる、としてきた。
だがこれまで、立法府が立法結果に影響を及ぼす方法を論じる際、代
表という中心的問題にはほとんど触れないできた。代表が問題となる
のは、専門分化され、開かれた体制での立法府においてのみである。
先に見たように閉鎖的な体制にあっては、立法府は新メンバーを補充
する機関——社会の重要な集団として有効性が増大すると、その集
団はそこに反映される——にはなりうるものの、その目的は本質的
に、体裁をつくろうことにあった。開かれてはいるが、専門分化のな
い体制では、支配者と被支配者の間や、立法行為と〈合意ある習慣的
規範の儀式的な援用〉との間には、明瞭な線、永久的な線は引かれて
いないのであり、重要な点において政治社会は、立法府と共存可能な
のであった。

　しかしながら、専門分化され、開かれた体制については、「開かれ
ていること」を「専門分化」と十分に関連づける方式を見出さなけれ
ばならないとの問題がある。体制が開かれたものである限り、誰でも
権威を伴う意思決定にアクセスしてもよいのだが、体制が専門分化し
ている限りでは、実際には特定の人だけが決定にアクセスするのであ
る。このジレンマは代表の諸理論の、2つの相互補完的な鎖に反映さ
れている。一方では、代表をあたかも代理人が関連のすべての点で代
表された人々であるかのように、代理人による行為として定義するも
のがある。他方では、代表は、被代表者のために、またその名におい
て行動する、という代表のルールが提案されている。一方の理論では、
代表の任務はただ被代表者の希望を確認するだけである。他方の理論
では、代表自身が被代表者の最善の利益をどう考えるか、自分の見解

にそって判断することが任務となる。かくして、少なくとも理論上は、矛盾する責務が、中央立法府の任務の中核に銘記されているのである（Pitkin, 1967）。

　実際には、2つの責務のどちらか一方にだけ従うというのは、通常はまったく不可能である。立法の諸問題で、広範囲にわたって一般に有権者が声を発することはないし、出てくる諸要求には混乱したり、相互に矛盾したりしている点があるのを、議員は認識するところとなる。これらの条件のどれもなく、党議拘束のないところで、事実を識別できないまま、しかるべく行動するような議員は、まれにしか存在しない。同様に広範囲にわたる立法で、有権者の最善の利益を確信するというのも、ことのほか難しい。シグナルが明確な場合、議員はめったに行動の機会を逃さない。ここで再び、党議拘束の問題が複雑な要因となる。しかしながら、党議が議員の行動のガイド役にならない場合、幾かの選挙区の利益が別の諸選挙区の利益とからんで複雑になり、法案の特殊利益集団との関係が曖昧・稀薄となるのは、一般によく見られることである。また、ほぼ間違いなく、より一般的な利益とも関連することとなる。結局のところ、一般にほとんどの議員の行為の合理的理由づけの問題となる。

　議員のジレンマはその純粋な状態では解決不可能と見えるので、思慮深い研究者から、議員が有権者を代表しているかどうかを判断する、別の方法が提案された。よく知られた方法は、代表の観念に代えて、事後的責任（accountability）の概念を採用することである。もし代表される側の有権者を不快にする議員がいるとしても、その議員が、頻繁に行われる、公正で、競合的な選挙で再選される限り、立法府は責任をはたしていることになる、というのがそれである。

　この定式化にはそれ自体、問題がないわけではない。公正な選挙の問題を考えてみていただきたい。合衆国最高裁判所ほどの威厳のある権威に従うならば、有権者の1票の重みが選挙区によって異なる場合、公正な選挙は不可能である。そして、もし同じ議会の選挙なのに、小

選挙区の選挙区人口がきわめてバラバラな場合、１票の重みは異なっ
てくる。選挙区を再画定することで、人口的に有権者はずっと平等な
存在となる。だが、〔選挙区画定という〕きわめて微妙な政治の過程
ではよくあることだが、選挙区が人口では確かにより平等となっても、
〔画定の仕方により〕主要政党の間でそれほど競争の度合いが高くな
くなってしまうこともある。「公正さ」を高める、まさにその過程で、
選挙の「競合性」を低下させるケースがあるのである。

　上述の議論は、最も簡単なケースを扱っている。つまり、比較的小
さな規模の小選挙区制であって、党議拘束という、問題を複雑にする
圧力のない場合である。しかしながら、表向きには代表民主制の国で
は、多くの諸国で党議拘束がかなり意味を有しており、責任のある全
国的な政党が綱領・政綱に充分に内実を備えさせるため、院内幹事が
自党の議員に、〔党の方針を優先させ〕地元有権者の強い希望とは別
の投票をするよう要求する必要が時に生じることが知られている。そ
うすることで議員は、政党綱領の全体的な一貫性を高めるように投票
し、またそれゆえその党の全国レベルでの選挙公約の達成に貢献する
ので、代表の度合いを高めることになる、と考える理論家もある。明
らかにこの問題については、議員が賛否の投票で守るべき重要な約束
は、議員が個々の選挙区有権者に対して個人として行った公約と考え
るのとは、異なる別の視点が存在する。

　恣意性が入らないようにして、この不一致を解決する方法があると、
私は思わない。事後的責任の所在は議員個人や選挙区のいずれかのレ
ベルにあると考える人もあれば、それは集合的な政党レベルに存する
と考える人もある。しばしば各政治システムはこの問題を憲法上の規
則によって解決している。したがって、米国連邦議会は小選挙区制で
あって、分権化された候補者指名プロセスがあるので、イスラエルの
全国単一選挙区での比例代表制の下で考えられた理論とは、まった別
の理論を広める結果となっている。イスラエルでは、政党の候補者名
簿の順位が重要なので〔政党の力が強く〕、立法府での実際の行動は

蓋然性が高くなっている。

　立法府と有権者の関係では、曖昧性を高める問題が他にもまだある。状況が最もよい時でさえ議員は、地元選挙区の重要な特性や要望を反映できないのを、われわれは確認している。ほとんどの点で議員は、問題を広範囲にわたって審議できないし、選挙区の最大の利益を議員なりに独自に計算し、それにそった投票を議会で行えないでいる。英国下院では、それが現実である。当選回数の少ない議員には、そのような行動・活動はほとんど許されないからであり、従って法案をまとめる作業は、実際にはその大半が他のところでなされている。米国連邦議会で作業が分担されているということは、どの議員も実際には諸問題のごく一部しか検討できない、ということを意味している。内閣にとっては、連邦下院というアリーナは、バジョット（Bagehot, 1963）が記述するほどではないが、〔中間〕選挙人団（electoral college）のようなものである。変換型議会は、かなり狭いラインに沿って審議を導くため、内部が構造化されている。それは通常の場合、必然的にほとんどの議員をそのプロセスから排除している。

　したがって、どこで、どのように政策の選好を最大化すべきか、有権者の判断能力がそれを識別する任にたえるとしても、ほとんどの有権者が全体として、そうするための極めて正確な方法はないように思われる。もちろん些細な例外はある。例えば、税にたいへん関心があって、オレゴン州東部に住む有権者は、〔税制に詳しい下院議員〕アル・ウルマンに投票したか、別の候補に投じたかで、厳密な事後的責任を機能させることができた。おそらく英国下院選挙では、党首脳が出馬した選挙区の有権者は——重要な候補者が負けるのは稀な場合に限られるが——〔事後的責任を機能させる〕同様のチャンスを有している。そこで党首脳が負けた場合には、空いている当選確実の無風区に出馬して、党の指導部に復帰するというチャンスを永遠に失ってしまうからである。

　このように、代表〔の観念〕は人を惑わす不明瞭なものであり、厳

密な事後的責任もまた同様である、と結論せざるをえない。しかし、どちらの観念にも重要な核心的意義が含まれており、それは現代の立法府が代表することを求めるに際して採用している、実際のメカニズムを教えてくれる。

これらに代わるメカニズムについて、文献には、充分に満足できる記述は見当たらない。しかし、代表プロセスの近似物となれば、おそらく、まずこのようなものになるであろう。つまり、世論の変化と利益団体の活動の変化をエリートが認識すると、結果としてエリートの間の協力関係が変化し、そのことで専門分化した、開かれた体制では、立法府に「代表」が生じてくる。英国では補欠選挙や世論調査の結果により、内閣改造が間接的に生じてくるが、このことがおそらく最も明確に見られる。ハロルド・マクラミンによる全面的な閣僚入替えの後、ある人は「泣いて馬謖を斬るしかない」と言った。

このパターンには、完全に制度化されたもう一例があり、それは多党制だが、中核的政党の存在するアリーナ型議会で生じる。エツィオーニ（Etzioni, 1963）がイスラエルについて論じているように、中核的政党が世論を読みとり、それに従って小党との連立を変えることがありうるし、それはまた場合によっては必要なことである。

悪評が高いまでに外部の影響を受けにくい米国連邦議会でさえ、先述のような種類の代表が生じることがある。政党指導層は、利益団体の連携関係に応じて委員会をまとめようと試み、頻繁にそれに成功している。連邦議会外の世論の風潮の変化に反応して、同じ考えをもつ議員の中小の連盟が生まれた。その１つたる民主党の議員連盟は、規則の変更と、議員の権限と考えられた権限を追求し、構造的障壁となっていた障害を排除すべく圧力をかけ、顕著な成功を収めてきた。その結果、下院民主党の議員連盟は重要性を増し、党に議会対策委員会が創設され、そこに委員として委員会に出る民主党議員を任命する権限が与えられた。小委員会の小委員長職の選任は、広範囲の議員からなされるようにもなった。また、委員会の委員長権限は、運営の幾

つかの特権だけに限られるようになり、今ではさらに、〔選挙後の〕各議会の冒頭で、必ず議員間での秘密投票に委ねられており、それは結果がどうなるか分からぬものとなっている。

この種の活動は、利益団体の運動と新聞の記事に刺激され、促されて、生じてくるものだが、それは集合的な実体として、〈立法府による代表〉と〈厳密な事後的責任〉とに代わる、現代的な実際的代替物なのである。個人として議員は、議員としてできること、しようとすることを行っている。時にはこれが多すぎることもあれば、少なすぎることもある。全体としてみると、これらのプロセスが十分に良いもので、十分に民主的か、また、その結果が十分に真の代表となっているか、という問題は、観察する者のみが自分の選好に照らして決めることができるものなのである。

第10節　結論として —— 立法府 VS 多目的の組織

立法機関の歴史的発達のある段階においては、立法府を社会的諸資源を十分に集中させる存在と見て、一般の人々と政府のそれぞれに結びつく組織としての地位を立法府に認めることができる。〈政府における人々の代表〉について、唯一の実現可能な源泉たるロマン主義的革命の教義が流行遅れとなったのは、18世紀後半か19世紀前半のいつかの時点である。〔独立直後に重税に抗議して農民が起こした〕シェイズの反乱をトマス・ジェファーソンは歓迎したが、それは、政府の恣意性に対する必要なチェックとして、〈自由という樹木に愛国者の血で時々給水する〉との、彼の考えによるものであり、その教説を宣言したものであった。立法府を発達させることは、愛国者の血〔の争い〕を〔論戦での〕愛国者の唾に代えたのだが、それは開かれた社会において、時に民衆の感情を政治指導者に伝達する、ずっと良い装置をもたらしたのである。立法府の政策決定に対して、普通選挙を通じ、

請願権の行使を通じ、またロビイングや、政党、利益団体の影響力を通じて、それが果たされるのである。

仮によく調整されたロビイングが不可能な場合にも、政策決定プロセスに苦情を取り込む綿密な装置があれば、議会の選挙がなされ、追認のための立法府（ラバー・スタンプ）でも〈象徴としての代表〉の要望が語られると、（より有効な手段と同様に）政治的不満の捌（は）け口となる。そのことで革命的運動に対し、完全に先手を打つのでないにしても、それを未然に防ぐ結果になるのである。ちょうど、〔《良》で喜んでいては《最良》に到達できないので〕《良》はよく《最良》の敵になる、と言われるように、政府の中に大衆向け部門を創設するという改良は、〔結局は〕民衆の反乱の防波堤となるのであった。

私の知る範囲では、大規模で複雑な政治システムにあっては、代議制議会が長期にわたって存在しがたくなった時期はない。そのような会議体では、どこでもその内部で連続的に〈安定と統合の勢力〉と、〈変革と応答の勢力〉（チェンジ）の間で、急に緊張が高まることがあるに違いない。多様な利益をなんとか閉じ込め、立法権が行使できるようにされるに違いないのである。政府の日常業務は必然的に他に付与され、立法府以外の権限の拡張のための一定の基盤を提供する。これら日常業務に対する監督権の行使には、分業や集団的な結束力が必要であり、ライバルである官僚との協力――最後には官僚への依存――や、議会外の政党指導層のような、優れた組織的勢力による立法府の支配も必要である。分業が解決となる場合には個々の議員は、一般的な専門家としての関与の希望を満たせない。党指導層が解決策となる場合には、個々の議員は無力で、消極的である。

したがって現代の立法府は、立法権の問題への逆の解決策を採用する場合でさえも、ある根本的な制度上の困難を抱えざるをえない。その困難は、立法の任務の専門職に有能な人物をリクルートすることと関係している。それは頻繁に直面する問題ではないが、組織の構造に誘因をどう組み込むか、という方法に関連する重要な問題である。参

加と持続的関与へ充分な誘因がなければ、組織は衰退してしまう。立法府がその政治システムにおいて行っていることを、他のどの組織も正確に行うとは思われないので、これまで論じてきたような立法府の形態は──少なくともその幾つかは──長期にわたり存続する見通しがあると仮定できよう。しかしながら、これらの立法府が、意思の決定で、効率的で独立した勢力として働くかどうかは、不確かであり、疑わしい。

　結局は、立法府について最も不思議に見えるものは、あらゆる目的に使えるような、その柔軟性だからである。支配的な勢力が統治で必要とする短期的服従を、人々から調達するのに、立法府は秘密警察ほど効率的ではない。しかし、多くの政治システムでは、立法府は政府のために正統性を得るという任務を、結構はたしているのである。また、それに加え、将来の指導者にとって訓練の場としても役立っている。

　確かに、〔官僚など〕経験豊かな専門家集団は、政策の選択肢について調査し、問題の解決策を選択することでは、立法府よりも迅速かつ賢明に行う。しかし、立法府もまた、この任務の遂行能力を、かなりのレベルで身につけている。またさらには専門家には容易に利用できない方法で、政治的な受容可能性という、必要とされる基準での選択肢を試すことができる。現代の装備のよい軍隊は、一般に反乱を食い止められるが、立法府もまた、意見・要望を──時にはさらに不平・抗議までも──聴取する、定まった場所を提供することで、同じことを成しうる。

　いろいろな時期・局面や状況で、立法府がこれらの機能のすべてを遂行しているのは、事実である。そして時には、そのすべてを同時に果たすのであり、それは分析する者をして、たいへん当惑させる。そのことがまた、立法府をして魅惑的で有益な組織にしているのであり、また自治を求める人間の長く困難な挑戦を研究している者に、立法府を研究させるものなのである。

（1）　近年〔1975年〕の有益な参考文献リストとしては*Scienze Sociali 2*（1972年8月）がある。関連の米国文献のごく最近の内容紹介は、Manley（1974）、Eulau and Hinckley（1966）、Huitt and Peabody（1969）にある。Von Beyme（1970）は、951の文献を論題と国別に分けて整理している。加えて、Walter Shepard（1933）、Robert Fried（1966）、Robert Packenhan（1970）があり、この3つの概観は本稿を準備するに当たり、特に役立った。

（2）　これら代替的な戦略の例としては、機能重視論者としてWahlke *et al.*（1962）、構造重視論者としてPackenham（1970）、Loewenberg（1967, 1971）を参照されたい。

（3）　この定義は、通常の意味でのネーション・ステート（ないしはその部分）だけが、以下の議論でいう政治システムなのかどうか、という問題を意図的に回避している。私の見解では、ネーション・ステート以外の政治システムや政治社会というものも充分、認めうる。原則的には、法律を決定・執行できる、いろいろな組織体が想定できる。つまり、後の例が示すように、企業や、労働組合、大学も、一般に政治社会と認識されてきたものとまったく同じ方法により、政治システムとして分析できる。この見解は、普遍的に受け入れられているわけではないが、一定の支持者を得ている。このような観点を創意に富む形で適用したものに、Cyert and March（1963）がある。

（4）　Robert Fried（1966, p. 82）は、大衆社会に存在する場合の、そのような格差のない集団につき次のように描いている。「政党、特に〔極右・極左の〕過激政党は、戦闘的勢力として組織化される傾向が強く、武器、制服、軍事的規律を有し、社会から孤立して存在し、組織が複雑で、暴力的戦術を用いることがある。他方で軍隊は、政党のような役割を担い、政党のような装いをする傾向がある。政権の掌握をめぐって競争し、公職候補者を推薦・決定したり、半民間人の後援団体を組織し、改革政策を採択して推進したりするのである。軍隊とは何か、といえば一種の政党であり、政党とは何か、といえば一種の軍隊である」。

（5）　組織論の理論家Chester Barnard（1938, pp. 163ff.）とHerbert Simon（1957, pp. 11-12）は、正統性の概念を「受容の領域」や「無差別圏」として操作的に定義することを示唆している。その領域・圏では、部下の者は多かれ少なかれ自動的に〔無差別に〕指導者の行動規範に同意するというのである。

（6）　Max Weber（1947）が政治システム一般の発展について記述してい

ることは、彼がほとんどふれていない別の形態の制度について、今日、主張されていることとも、大半が共鳴し合うものである。だが、だからといってウェーバーの洞察をさりげなく讃美するつもりはない。「習慣」についての本稿の議論は、もちろんウェーバーの伝統的な正統性の概念となんら矛盾しない。また、「同意」は「合理的－合法的」正統性にきわめて似かよっているように思われる。「教化」は、ウェーバーの「カリスマ的な正統性」を、現代の大衆的状況に少し適用してみたものと、私は考える。この用法を細部も含めて擁護するなら、この議論をかけ離れたものにしてしまう。だが、その用法にはある程度の妥当性があると思う。というのは、今日の社会での教化は、しばしば、必ずシンボルの操作という手段によって大衆とエリートをつなぐ試みのことが多いからである。それは、エリート集団の成員に見られる特別な資質と考えられる。

これとは別の範疇である「強制」には、もっと説明を要する。ウェーバーにとって政府のきわめて重要な特徴は、正統的な実力の独占的行使である。それゆえ、正統性のいろいろな形態について述べた、ウェーバーの古典的な概念はすべて、人々が特定の指導者のこのような実力独占を受け入れるのは、どんな状況においてなのかという、多様な状況の問題に帰着するものである。しかし、ウェーバーはこの能力をさらに他のことに資源として使うことについて、あまり言及していない。したがって、ウェーバーの読者のなかには、強制力を国内の人々に繰り返し、意図的に行使することは、ウェーバーの意味での正統性の付与につながるものかどうか、疑問に感じる人もあろう。

私見では、それはあり得る。つまり、強制力は頻繁に使われる資源であり、疑いもなく服従につながるのである。そして私は服従を、正統性の受け容れ可能で、中核的な意味のものと考える。確かに、政体の安定性を予測する場合、強制力が国内でどう使われているかについての情報は、きわめて有益であり、多くの場合、不可欠でさえある。また、強制力が意図的に使われる場合、それが長期的に見て、体制への忠誠心を何らかの形で生みだすかどうかは、決して確実ではない。たとえば、スターリン時代の末期の「個人崇拝」を考えてみよ。それはカリスマの日常化が、ある部分は教化によって、ある部分は――特にエリート・レベルでは――暴力によって、つくられた例である。

（7） このあからさまな例は、1970年にニクソン大統領が承認した国内機密情報収集計画である。大統領の会話録音の提出記録（Submission,

1974) を参照。この点についての理論的な行論は、Dahl and Lindblom (1953) にある。そこには、支配者集団の費用について、きわめて有益な議論が見られる。かつてニキタ・フルシチョフは、もし自由な選挙があれば、間違いなく自分が勝つのだから、ソ連に自由な選挙がないのは残念だ、と語ったと伝えられているが、そのこともまた想起される。

（8）　Pryor (1968, pp. 239-53) を参照。

（9）　Fred Riggs (1974) は、強力で高度に専門分化した官僚制や、活発な官僚制が予め存在していると、立法府の形成が阻害されるとさえ論じている。彼の事例は、ほとんどがアジア諸国の政治からのものである。イングランドの中世官僚制における軍長官 (sheriff) の役割については、Keen (1973, pp. 5-6) の簡潔な議論を参照。

（10）　このテーマについての古典的な叙述はBerle and Means (1932) にある。それは体系的に、現代企業を政治システムに喩えて検討してみたものである。

（11）　ここに別の例がある。〔革命前の〕イラン国会では議席を持ちたいと願う者は、まず候補者リストに載せてもらうよう、かなりの金額を政府に払わなければならなかった。その後、秘密警察の調査をかいくぐらなければならず、最後には、国王によるチェックがあった。この３つの障壁を乗り越えた者は、国王の支持する候補者名簿にあれば決して選挙で負けることがないのを知り、安心できる。何らかの場合に、そのような立法府が国王に絶対忠誠でないことがわかると、国王は新しい憲法評議会を召集し、その議員を指名する憲法上の権限を有していた (Bill, 1971)。

（12）　Bill (1971, p. 364) は、〔革命前の〕イランについてこう述べている。「パーレビ王家と政治的エリートは、イラン社会での国会の存在を必死に護り、維持しようとしてきた。国会の制度が公に存在していることは、立憲君主制と一般の政治参加を強く示唆することになっている。目立つシンボルとしてのイラン国会そのものが、体制の正統性に異議を申し立てる者に対峙する上で、戦略的に有益なのである」。

（13）　Freedman (1883, Vol. 1, p. 6) が述べているように、「ニューイングランドの町民集会は、ホメロスの描く民会、アテネ、古代ローマ、スイス、イングランドなどの民会と、基本的に同じである。ニューイングランドの状況が、旧来のイングランドで民会がほとんど忘れ去られていた時に、古い時代の集会を再び甦らせたのである。スイスでは民会が生き残っていた (*survival*) のに対して、ニューイングランドでは復活した

（*revival*）というべきなのである」。

（14）　文化人類学者のRalph Nicholas（1966, pp. 54-55）は、カナダのイン
ディアン部族について、この変遷を研究し、次のようにコメントしてい
る。

　　　　小規模な政治の場を文化人類学的に観察して度々気づく特徴は、
公的な決定を行うための「合意形成手続」である。米国のインディ
アン部族からインドの農民集落に至る多くの社会では、表決や多数
決原理は知られていないか、拒絶されている。決定者の間で意見が
一致するまで、討論や議論が続けられ、論題は何度も検討されるこ
とになる。北米とインドで現代の各国政府が追求した大きな改革は、
他の地域と同様に、小規模な政治の場での政治の「民主化」である。
1924年にカナダ政府がオンタリオのグランド・リバー・イロコイ保
留地で、「民主的に選出された」評議会を創設した時、激しい党派
対立が生じ、それが今日まで続いている。……インドの農村部では、
国民会議派の政権が成人普通選挙権により、村の評議会員を選出さ
せようとしたが、多くの場合、それによって以前からあった党派対
立が先鋭化し、以前には重要ではなかった党派が、地方の政治シス
テムを分裂的な党派政治システムに変えてしまった。

　　　　急速な社会変動の中では、頻繁に党派が出現してくる（ないしは、
党派が明確になる）。安定した社会の特徴である政治集団よりも、
党派的な組織の方が、状況が変化する中での競争によく適応できる
からである。伝統的なイロコイ族の母系制は、部族長の評議会によ
る統治の下でのみ、機能できた。それに対して党派は、伝統的な
ルールであれ近現代的なルールであれ、幾つかのルールにだけ縛ら
れているわけではない。だから〔イロコイで〕一夫多妻で妻同士が
姉妹というような（adelphic）、伝統的な継承ルールで選出された部
族長により、政府の創設が支持され、現代的なルールで選ばれた部
族評議会が、6部族保留地でのモホーク族労働者派から反対される
こともありうるのである。インドの農村部では、成人普通選挙が導
入されたとき、党派的組織は、投票によって政治的な見返りが得ら
れなくなったにもかかわらず、最も成功裡に投票に行かせるのに成
功している。フィジーでは契約労働制が終了した時、インド人労働
者の集落は解放され、ほぼ内部に権威のシステムがないまま、自分
たちの政治社会を形成した。党派というのは、政治紛争において
人々を組織化する方法として「自動的に」出現してくるのである。

英国議会

年俸　7,800ドル

秘書給与　1,200ドル

事務所備品　なし

　その他　事務用品48ドル。選挙区への旅費全額支給。机、書類棚、内線電話などは要求可（設置場所は自由）。電話料金は、ロンドン市内に限り無料。

米国連邦議会

年俸　42,500ドル

秘書給与　総額125,000ドルで12人まで

事務所備品　新品・中古に限らず総額5500ドル分

　その他　事務用品4,500ドル。2年間の任期につき35,000分の長距離電話料金が支給。茶色の丈夫な書類封筒、年間480,000枚。年間700ドル分の切手。選挙区での事務所賃貸料、年間2,400ドル支給。選挙区での事務所経費、備品、電話料金に年間2,400ドル支給。普通郵便料金、無料で制限なし。無料での議員会館の事務所（通常は3部屋）。選挙区への往復旅費月1回、及び議員と秘書2人での追加旅費3回分支給。

(15)　ブロンデルにより分類された、この表の政治社会がすべて、ここでの分類枠組でいう「開放的で専門分化した」政治システムとしての基準に合致するかどうか、見解が分かれるのは当然であろう。例えば中南米17ヵ国もが「開放的」と分類されているが、様々な難しさがある。Martin Needler（1963, pp. 156-57）は中南米20ヵ国を取り上げ、14ヵ国では軍の有している普通の政治的役割が極めて重要なものになっている、とした。しかしながらニードラーの分類では、その14ヵ国は大半が複数政党制を有している。1963年当時で軍が相対的に弱いと分類されたのは、ウルグアイ、メキシコ、コロンビア、チリ、ボリヴィア、コスタリカの6ヵ国である。これとは別の政治体制の分類については、Dahl（1971, Appendix A and B）とRustow（1967, Appendix 5）を参照。

(16)　David B. Truman（1955）は、議会選挙での候補者指名や選挙のプロセスが分権化され、米国の政党制にどんな影響をもたらしたかについて、きわめて十分で知的な説明をしている。議院内閣制の体制での対照的な展開についてはEpstein（1967）を参照。

(17)　英国と米国の議会の議員報酬の比較は、大まかには〔1975年頃で〕

次の通りである。

英国議会の議員個人の生活ぶりについては、A. P. Herbert（1937, 1951）、Richards（1959）、Baker and Rush（1970）を参照。英国議会と米国連邦議会の施設の比較については、Hanson and Walles（1970, pp. 79-82）を参照。

（18）　Namier（1963）を参照。同書の第1章のタイトルは「なぜ議員になるのか」であり、それは全体の探求テーマを示している。

歴史家ネーミアに共感する略伝には次のようにある（Price and Weinberg, 1968, p. 5）。

ネーミアの設定した問は、18世紀の議会が、英帝国の問題に上手く対処しようとしながら、どのようにして英帝国を失ってしまったかを、説明することであった。しかし彼の集めた資料からは、下院は実際には英帝国の問題を処理しようとはしていなかったことが、明白にされたのだった。下院は集団として、全体的なアイデンティティ（一体感）や政策を欠いていた。党派の寄り集まりにすぎず、地域的利益や一族の利益、等々の寄せ集めでしかなかった。

ネーミアの最大の成功は構造的分析にある。彼は英国議会を社会的文脈に結びつけて考察した。選挙を社会的影響力の集積（レジスター）と見なし、選挙のプロセスから生まれる下院につき、経済的・社会的構成、地理的・家系的結びつきを分析した。また、ある人を他の人の影響下で置くような、友人関係・依存関係という、あまり明確でない紐帯までも分析対象とした。最終的には、自由党（ホイッグ）や保守党（トーリー）といった伝統的なレッテルが、家族に基づく「人脈（コネクション）」に比べるならば、相対的に意味が乏しいことを示したのであった。

ネーミアのような研究は、Neale（1963）の16世紀後半と17世紀初期の下院の研究、ネーミアの教え子であるJohan Brookeの *The House of Commons 1754-1790, Introductory Survey*（1964）に引き継がれている。ニールの鍵となる設問は、誰が議会議員なのか、議員は社会のどの階層に属しているか、どのように選ばれてくるのか、選挙はどのように行われているか、などである。英国議会の議員構成の研究に加えて、同書は下院が活動している様子、つまり、その職員、儀式、手続き、マナー、慣習といったことや、そこでの会話のスタイルまでも伝えることを目指している。

（19）　例えば、Hexter（1963, pp. 136-39, 187-93）に描かれている論争を参照。

(20)　Kenn（1973, pp. 8ff. and 98ff.）を参照。「国王は、自動的に税という
　　手段で規定の負担金を求める権利を有していなかったので、国王は納税
　　者との間で、どれだけ税を払うべきか交渉しなければならず、そのため
　　に、納税者本人か、納税者から信任状を得ている代表者を召集しなけれ
　　ばならないのだった」（p. 8）。

(21)　例えば1215年のマグナカルタが、納税者の反乱の結果であることは、
　　かなり明白である。原因は、ジョン王による第三次ノルマン戦争の計画
　　が懸念され、貴族が反乱を起こしたことである。マグナカルタの本文は
　　多くの部分が、税や手数料を規制し、相続人や債務者の権利に関し法的
　　安定化を図る内容であった。マグナカルタ第14条でジョン王はこう述べ
　　ている。

　　　　そして（前記の3事例を除き）援助金もしくは軍役代用金の賦課
　　　につき、王国の一般評議を得るため、朕は書状により、大司教、司
　　　教、大修道院長、諸伯、および大バロンを、朕の勅書をもって、そ
　　　れぞれ別々に召集せしめるものとする。また、朕より直接に封を受
　　　けている者すべてが、県長官および執行官により、召集されるよう
　　　手配する。召集は、少なくとも40日の期間をおき、一定の日に、一
　　　定の場所で行われるものとする。朕は、前述の召集状にはすべて、
　　　召集の理由を明示する。そして、このように召集がなされた場合に
　　　は、たとえ召集された者の全員が集らなくとも、議事は指定された
　　　日に、出席する者の協議によって進行するものとする。

(22)　S.A. Walklandの有益な書物（1968, 特にpp. 12-20）を参照。私の説
　　明は全体にそれに依っている。

(23)　このことは、Leonard and Herman（1972）にある数篇の論文の、
　　きわめて説得力ある結論である。

(24)　古いスタイルの連邦議会研究で最も良いのは、疑いなくGallway
　　（1946）である。

(25)　議長職についての研究者は依然としてMary Parker Follett（1909）
　　とChang-wei（1928）を読み、引用している。同様にDeAlva Alexander
　　（1916）、Robert Luce（1926）、Paul Hasbrouk（1927）、George Roth-
　　well Brown（1922）、Lindsay Rogers（1968, 初出1926）、Lawrence
　　Chamberlain（1946）は、現在〔1975年〕でも読むに値するものである。

(26)　このことは、政治組織の「制度化過程」について研究する者が学問
　　上の戦略について行うべき、ある種の事前の判断を示唆している。変換
　　型、非変換型の〔議会〕組織のどちらも、〔確かに〕「制度化」されうる。

だが、その重要な政治的帰結の傾向については、変換型議会の内部構造を研究することなくして、知識蓄積に多大な貢献がなされないであろう。このことは強調しておくに値する。というのは、それが研究に重要な意味合いを持つからである。議会の制度化の研究がなぜ重要かは、米国連邦議会が高度に変換型的な立法府になっており、その変換型としての特徴によって、米国の国政における政治的影響の重要な部分が説明されるからである。しかし、だからといって変換型の要素がはるかに少ない英国下院が制度化されていないというわけではなく、実際に制度化されている。例えば、Zaller（1971, pp. 1-2）を参照。

　　英国議会は【17世紀初め】スチュアート王朝の時代までに、強い協同的意識を得ている。議会の議員は、もはや自分たち議員のことを、国王がたまに随意に召集し、〔『不思議の国のアリス』の〕チェシャ猫のように、主権者の目が注がれている時にのみ存在する存在ではなく、持続的で永久的な国家の機能、ノートシュタイン教授の言う「切れ目なしに上演する」存在として認識するようになっていた。この継続性の感覚は、多くの方法で確認されている。ある会期の終わりには、次の会期の始まりに備え、審議未了の業務については注意深く準備するという、慣習が発達してきた。上院、下院ともに議事録を残すようになり、〔保管庫たるヴィクトリア〕タワーの中で、黄色く変色した記録により、古いことを調査するため、古文書の研究者を雇い入れた。新しい規則と手続き上の改革は几帳面なまでに守られ、会期を経るごとに事案の処理、法案の審査、苦情についての調査に関して、様式が定められ、正確で、効率的になっていった。

13世紀の状況をR. F. Treharne（1970, p. 81）は、次のように述べている。

　　英国議会は未だ制度でも組織でもなく、それは〔その場限りの〕会合にすぎなかった。それゆえ……その「機能」について語るのは時期尚早である。むしろ、議会が開かれている間、確かにそこで何かが行われているのが観察できると言うべきである。

　読者には、私はアリーナという概念については、「継続的な上演（パフォーマンス）」とか制度化された「会合」としてイメージしていただくとよいと思う。Notestein（1924, esp. pp. 41, 49, 53）をも参照。

(27)　この種の仕組みや、それが連邦議会の戦略や構造に与えた影響については、1950 年代に Roland Young（1943, 1958）、David Truman

（1959）、Gertram Gross（1953）、Stephen K. Bailey（1950）などが生き生きと描いている。

（28）　John Bibby（Bibby and Davidson, 1965）（Ph. D., Wisconsin, 1963）、John Kingdom（1968, 1974）（Ph. D., Wisconsin, 1965）、Dale Vinyard の著作（1968）（Ph. D., Wisconsin, 1964）も参照。

（29）　他の委員会についての、多くの研究も特記に値する。たとえば、John Manleyは、下院歳入委員会での駆け引きについて博士論文（1970）で描写しており、それが出版されるやいなや、最先端の議会研究者として脚光を浴びることになった。また、Holbert N. Carroll（1966）、Green and Rosenthal（1963）、Goodman（1968）、David Price（1972）も参照。

（30）　次のようなウィルソンの1865年1月22日付Ellen Louise Axson宛書簡を参照（Link, 1967, pp. 630-31に引用）。「……もし私がワシントンを訪れずに『議会政治』を書いていたとしたら、経営管理の経験のないまま、経営管理学についてずっと多くのことを書くようなことになっていたことだろう」と述べている。ピーボディの業績についてはPeabody（1976）を参照。

（31）　同じような感想については Loewenberg（1973, pp. 142-43）を参照。

（32）　これと逆の例（ただし、法則性が証明されている例）は、マセウの米国連邦議会についての業績のいくつかに含まれている。社会的背景を扱ったDonald Matthewの博士論文（1954）は、連邦議会について確定的結論を導き出しているわけでもないし、議会について知られていなかったことを明らかにしたわけでもない。連邦上院に関する書物（1960）でマセウは、各上院議員を社会的背景に基づき分類しようと試み、初めの方のある章で分類基準を検討している。しかしながら、その分類枠組みでは何も説明できず、後の章ではそれ以上検討するのを、基本的に放棄している。さらに重要なことは、同じ本の「上院の慣習」を描き出した章であり、それはかなり広範に書物に再録されている。

（33）　「連携勢力」（organizing coalition）の概念について、手短かに説明しておくのは意味があるかもしれない。この概念はいくつかの事態について要約するためのものであり、それはここでの目的では次のように言い換え可能である。① ある党が立法府で圧倒的に優位だが、その党はバラバラな部分と様々な諸利益から成り、党内の協議機関で政治的妥協を求めなければならない場合、このような党を「狭い基盤からなる」党ではなく、「連合的」（coalitional）な党と考える。同じ様に、②優位な党が存在するものの、過半数に達しておらず、小政党と提携しなければ

ならない場合、その党は「連合的」と考える。あるいは、③連携勢力が、その内部にいつも優位な単一政党がなく、2つ以上の政党の連携からなっている場合、その組織集団は「連合的」だと考える。「同質的」であるよりも「異質的」と見なされる場合、区別するものは何か。1つの指標はその文中に示されている。つまり、純粋さがそうであり、階級ごと、政党支持者集団ごとの分離の傾向がそれである。言語的、宗派的政党の間での対立が見られるような政治システムでは、この問題は容易に解かれる。ラベルづけでの迫真性の低い政治システムでは、方法論的難しさを容易に予想できるが、それがまったく克服しがたいものと私は思わない。

(34)　Rothman（1972, p. 546）は、次のように説明している。「委員会は、共通の主題での専門性と、特定の利益の認識とを核にして、協力に向けた一体感を形成し始めている。委員会審議での秘密が守られることにより、政党の枠を超えた賛否の投票するのが許されているので、この傾向は促されてきた。多くの機会に委員会のメンバーは、法案の修正で合意し、自分たちの党に委員会の見解を受入れるよう説得してきた。Loewenberg（1972, pp. 8-10）とHennis（1971）をも参照。

(35)　このような特徴を奇妙に結合させると、議会の権力についての、例えば次のような主張と、〔すぐ後で引く〕議会の重要性についての主張とが、矛盾なく調和することとなる。まずは、議会の権力についての主張である。

　　　フランス第三共和制と同様、第四共和制で勢力の均衡が見られたのは、基本的に立法府と立法府の委員会との間のことであって、立法府と政府の間のことではない（Rothman, 1972, p. 505）。

　この主張と、たとえば、次のような議会の重要性についての主張が矛盾なく、調和するのである。

　　　「第一次大戦の後、特に1930年代の大恐慌の時期に、より積極的な役割が国家に期待された時、安定多数勢力を欠いていた議会は、必要な立法をなすことができなかった。混乱を回避するため、議会は何度も立法権限を政府に委ねた。戦間期に11の内閣は、特別の権限を議会から得て、いわゆる緊急命令により、現行の法律を無効にし、新しい法律を制定した。……第四共和制の憲法は、そのような運用を未然に防ごうとしていたし、また、国民議会に対し、その立法権限の委任を厳格に禁止する旨、明文化しておくことで、立法権限の委任がもたらす政治的帰結を予め防止しようとしていた。しか

し政治的無秩序の原因が取り除かれず、また議会に規律ある多数派勢力が現れなかったため、憲法上の規定は軽視された。議会は〔第一次〕大戦前とあまり違わぬ手法を用いて、行政府へ立法権限という主権上の権力を譲り渡す方法を見い出したのだった。だが、あたかもその脆弱性を償うかのように、そのことで後継政権政府はどれも、寿命が短くなったのであった（Ehrmann, 1968, pp. 278-79；また Melnick and Leites, 1958も参照）。

(36)　「ドブレが同意したモデルは英国の政治システムであり、そこでは政策決定での議会の位置が（法律よりも慣習によって）明確に規定されており、同時に厳しく制約されている。そのような制約は元来、政党規律（党議拘束）の結果であり、それがあって初めて内閣が下院の多数派を統制できている。だが、ドブレがそれをよく理解していたかどうかは、疑問の余地がある。フランスの有権者は国民議会に強くまとまった多数派を送り込むことを強く望まれているわけではない、との前提から彼は考察していたのだった」（Ehrmann, 1968, p. 279）。

(37)　「フランス第五共和制憲法の起草者は、国民議会にも元老院にも政策決定機関となることを認めず、国民議会が政府に対する究極的な統制力を維持するのを望んでいた」（Pierce, 1973, p. 108）。

(38)　原則的に他の国の立法府も──収まりの良いもの、悪いものはあるが──ここでの世界の概観（world tour）に含まれている。以下に幾つかの例を示すが、軸上のアリーナ型の極の方から始める。

　アイルランド議会（ウラクタス）の政党は、あらゆる意味で連合的^{コアリショナル}ではない。１つか２つの厳格な規律のある政党が、独立以後ずっとアイルランド政府を掌握している。委員会は英国のそれよりも役割が少ない。英国議会では法案は臨時に設けられる〔専門性のない〕「常任委員会」に付託されるが、アイルランド議会では特にそのような組織の委員を指名する必要がない。英国の議会では幾つかの「特別委員会」に──限定的ではあるが──政府活動を調査させる。アイルランド議会にはそのような委員会は２つしかなく、「主に形式的なことやそれほど重要でない問題に関わっている」（Chubb, 1970, p. 198）。

　カナダについては、Dawson（1962, p. 207）がこう書いている。「議会の委員会制度についてせいぜい言えるのは、委員会に立法の検討が付託されると、それなりに仕事をすることである。あまり重要でない立法がこの方法でなされる」。カナダ上院の主たる権限は、下院を通過した法案を拒否することであるが、主要な法案に拒否権が行使されたのは1926

年が最後である。

　日本については社会科学評議会の委員会が最近、次のように結論づけている（*Items*, 1973）。日本では「国会には政策決定でほとんど影響力がないという、広く行き渡った見解がある。しかしながら日本の国会は、抽象的な19世紀的な《議会優位の立法府》の理念には当てはまらないが、その構成や機能は他の先進国の立法府に匹敵するものである」。

　中南米諸国の立法府は、一般に謎が多い。その多くは、現在、政策決定に関わっているか、最近まではそうであった。議会はしばしば大統領に抵抗し、大統領の政策への同意を拒んできた。また、しばしば、大統領が緊急事態を宣言したり、軍が介入したりして、憲法の下での通常の政治過程が停止されてきた。コロンビアがその典型である。1968年以前には、コロンビア議会に法案の可決に必要とされる3分の2の多数勢力が存在していた。しかしながら、大統領が一般に用いた戦術は、議会と交渉するより、むしろ3分の2の多数ルールを停止したり、緊急事態を宣言して議会そのものを一時停止したりすることであった（参照、Duff, 1971）。

　中南米諸国では、そのような停止措置は誰に聞いても極めてまれであったし、チリでは1973年のクーデターまでそうであった。それ以前は、議会が一定の権力（主に拒否権）を有していたものの、強力な大統領制が機能していた。議会の議員は——そのことは変換型の議会の行動の前提条件であること多いのだが——定まった任期で選ばれていた。だが幾つかの政党は、人間関係を上手く切り盛りする中南米流パターンに従い、政党名を上手く遣り繰りし、強力な中央の規律を巧みに維持するのに成功していた。そこでは政党の「規律」を受け入れやすい議員はまた、簡単に所属政党を変えるのだった。両院には十数個もの常任委員会があり、それぞれきっちりした担当分野があり、委員会の決定は上院、下院のいずれの本会議でも、まず覆ることはなかった。他方では、事前に政党指導部がその必要性について合意していない場合や、議会での多数決が「当該の問題を立法化する考え」を確認するのに役立たない場合には、主要な立法は委員会さえにも送られない（Gil, 1966, p. 116）。短命に終わったアジェンデ政権の間は、議会は大統領の推進する多くの案件に厳しい修正を加えた。その結果、アデェンデはしばしば大統領命令による立法という手段に訴えた。そのような状況では明らかに、チリの議会は黙ってラバー・スタンプを押す役割しか許されなかったのである。

(39)　この点での決定についての詳細な論評と、関連の問題については、Polsby（1971b）に所収の諸論文を参照されたい。

REFERENCES　＊印を付したものは邦訳があり、末尾にその訳書を掲げた。

Abram, Michael E., and Joseph Cooper (1968). "The rise of seniority in the House of Representatives." _Polity_ 1:52–85.

Agor, Weston H., ed. (1971). _Latin American Legislatures: Their Role and Influence._ New York: Praeger.

Alexander, DeAlva Stanwood (1916). _History and Procedures of the House of Representatives._ Boston: Houghton Mifflin.

Anderson, Charles W. (1970). _The Political Economy of Modern Spain._ Madison: University of Wisconsin Press.

＊ Bagehot, Walter (1963). _The English Constitution._ (1st ed. 1867.) London: Cox and Wyman.

Bailey, Stephen K. (1950). _Congress Makes a Law._ New York: Columbia University Press.

Ballard, John A. (1966). "Four equatorial states." In Gwendolyn Carter (ed.), _National Unity and Regionalism in Eight African States._ Ithaca, N.Y.: Cornell University Press.

Barker, Anthony, and Michael Rush (1970). _The British Member of Parliament and His Information._ Toronto: University of Toronto Press.

Barnard, Chester (1938). _The Functions of the Executive._ Cambridge, Mass.: Harvard University Press.

Bauer, Raymond, Ithiel de Sola Pool, and Lewis Anthony Dexter (1963). _American Business and Public Policy._ New York: Atherton Press.

Berle, Adolph A., and Gardiner C. Means (1932). _The Modern Corporation and Private Property._ New York: Macmillan.

Bibby, John F., and Roger H. Davidson (1967). _On Capitol Hill._ New York: Holt, Rinehart and Winston.

Bill, James A. (1971). "The politics of legislative monarchy: the Iranian Majlis." In Herbert Hirsch and M. Donald Hancock (eds.), _Comparative Legislative Systems._ New York: Free Press.

Blondel, Jean (1969). _An Introduction to Comparative Government._ New York: Praeger.

Board, Joseph B., Jr. (1970). _The Government and Politics of Sweden._ Boston: Houghton Mifflin.

Brady, David (1973). _Congressional Voting in a Partisan Era._ Lawrence: University of Kansas Press.

Brooke, John (1964). _The House of Commons 1754–1790, Introductory Survey._ London: Oxford University Press.

Brown, George Rothwell (1922). _The Leadership of Congress._ Indianapolis: Bobbs-Merrill.

Burnham, Walter Dean (1970). _Critical Elections and the Mainsprings of American Politics._ New York: Norton.

Carr, Robert K. (1952). _The House Committee on Un-American Activities._ Ithaca, N.Y.: Cornell University Press.

Carroll, Holbert (1966). _The House of Representatives in Foreign Affairs._ Boston: Little, Brown.

Chamberlain, Lawrence H. (1946). *The President, Congress and Legislation*. New York: Columbia University Press.

Chandler, Alfred D. (1962). *Strategy and Structure: Chapters in the History of the American Industrial Enterprise*. Cambridge, Mass.: M.I.T. Press.

Chiu Chang-wei (1928). *The Speaker of the House of Representatives Since 1896*. New York: Columbia University Press.

Chubb, Basil (1970). *The Government and Politics of Ireland*. Stanford: Stanford University Press.

Citizens' Conference on State Legislatures (1971). *State Legislatures: An Evaluation of Their Effectiveness*. New York: Praeger.

Clapp, Charles L. (1963). *The Congressman: His Work as He Sees It*. Washington, D.C.: Brookings Institution.

Crick, Bernard (1965). *The Reform of Parliament*. Garden City, N.Y.: Doubleday.

Cummings, Milton C., and Robert L. Peabody (1969). "The decision to enlarge the Committee on Rules: an analysis of the 1961 vote." In Robert L. Peabody and Nelson W. Polsby (eds.), *New Perspectives on the House of Representatives*. 2d ed. Chicago: Rand McNally.

Cyert, Richard M., and James G. March (1963). *A Behavioral Theory of the Firm*. Englewood Cliffs, N.J.: Prentice-Hall.

* Dahl, Robert A. (1971). *Polyarchy*. New Haven: Yale University Press.

* Dahl, Robert A., and Charles E. Lindblom (1953). *Politics, Economics and Welfare*. New York: Harpers.

Dawson, W. F. (1962). *Procedure in the Canadian House of Commons*. Toronto: University of Toronto Press.

Deckard, Barbara (1972). "State party delegations in the U.S. House of Representatives: a comparative study of group cohesion." *Journal of Politics* 34:199–223.

_____ (1973). "State party delegations in the U.S. House of Representatives: an analysis of group action." *Polity* 5:311–34.

Dexter, Lewis Anthony (1954). "Congressmen and the people they listen to." Mimeographed. Cambridge, Mass.: Cenis, M.I.T. Much of this material later published in Bauer, Pool, and Dexter (1963).

_____ (1966). *The Sociology and Politics of Congress*. Chicago: Rand McNally.

_____ (1969). "The representative and his district." (Originally published as a paper, 1957.) In Robert L. Peabody and Nelson W. Polsby (eds.), *New Perspectives on the House of Representatives*. 2d ed. Chicago: Rand McNally.

Duff, Ernest A. (1971). "The Role of Congress in the Colombian political system." In Weston H. Agor (ed.), *Latin American Legislatures: Their Role and Influence*. New York: Praeger.

Ehrmann, Henry W. (1968). *Politics in France*. Boston: Little, Brown.

Emerson, Ralph Waldo (1904). "Historical discourse at Concord, on the second centennial anniversary of the incorporation of the town, September 12, 1835." In *Miscellanies*. Boston: Houghton Mifflin.

Epstein, Leon (1964). *British Politics in The Suez Crisis*. Urbana: University of Illinois Press.

——————— (1967). *Political Parties in Western Democracies*. New York: Praeger.

Etzioni, Amitai (1963). "Alternative ways to democracy: the example of Israel." In Nelson W. Polsby, Robert A. Dentler, and Paul A. Smith (eds.), *Politics and Social Life*. Boston: Houghton Mifflin.

Eulau, Heinz, and Katherine Hinckley (1966). "Legislative institutions and processes." In *Political Science Annual 1966*, Vol. 1. Indianapolis: Bobbs-Merrill.

Fainsod, Merle (1953). *How Russia is Ruled*. Cambridge, Mass.: Harvard University Press.

Fenno, Richard F., Jr. (1966). *The Power of the Purse*. Boston: Little, Brown.

——————— (1973). *Congressmen in Committees*. Boston: Little, Brown.

Fiellen, Alan (1969). "The functions of informal groups: a state delegation." In Nelson W. Polsby and Robert L. Peabody (eds.), *New Perspectives on the House of Representatives*. 2d ed. Chicago: Rand McNally.

Fleming, Donald (1954). *William H. Welch and the Rise of Modern Medicine*. Boston: Little, Brown.

Follett, Mary Parker (1909). *The Speaker of the House of Representatives*. New York: Longmans, Green.

Franks, C. E. S. (1971). "The dilemma of the standing committees of the Canadian House of Commons." *Canadian Journal of Political Science* 4:461–76.

Freeman, Edward A. (1883). "An introduction to American institutional history." In Herbert B. Adams (ed.), *Johns Hopkins University Studies in Historical and Political Science*. Vol. 1, *Local Institutions*. Baltimore: The Johns Hopkins University.

Fried, Robert C. (1966). *Comparative Political Institutions*. New York: Macmillan.

Galloway, George (1946). *Congress at the Crossroads*. New York: Crowell.

Gerlich, Peter (1973). "The institutionalization of European parliaments." In Allan Kornberg (ed.), *Legislatures in Comparative Perspective*. New York: McKay.

Ghana Official Handbook (1968). Accra-Tema: Ghana Information Services.

Gil, Federico (1966). *The Political System of Chile*. Boston: Houghton Mifflin.

Goodman, Walter (1968). *The Committee*. New York: Farrar, Straus & Giroux.

Goodwin, George (1970). *The Little Legislatures*. Amherst: University of Massachusetts Press.

Gould, John (1940). *New England Town Meeting: Safeguard of Democracy*. Brattleboro, Vt.: Stephen Daye Press.

Green, Harold P., and Alan Rosenthal (1963). *Government of the Atom*. New York: Atherton.

Gross, Bertram (1953). *The Legislative Struggle*. New York: McGraw-Hill.

Grumm, John G. (1973). *A Paradigm for the Comparative Analysis of Legislative Systems*. Beverly Hills: Sage.

Hakes, Jay E. (1973). *Weak Parliaments and Military Coups in Africa*. Beverly Hills: Sage.

Hansard (1966). *Parliamentary Debates*. 5th Series, Vol. 734, House of Commons Official Report 18th–28th October. London: Her Majesty's Stationery Office.

Hanson, A. H., and Malcolm Walles (1970). *Governing Britain*. London: Fontana-Collins.

Hasbrouck, Paul DeWitt (1927). *Party Government in the House of Representatives*. New York: Macmillan.

Hennis, Wilhelm (1971). "Reform of the Bundestag." In Gerhard Loewenberg (ed.), *Modern Parliaments: Change or Decline?* Chicago: Aldine.

Herbert, Alan Patrick (1937). *The Ayes Have It*. London: Methuen.

_____ (1951). *Independent Member*. Garden City, N.Y.: Doubleday.

Herzberg, Donald, and Alan Rosenthal (1971). *Strengthening the States: Essays on Legislative Reform*. Garden City, N.Y.: Doubleday.

Hexter, Jack H. (1963). *Reappraisals in History*. New York: Harper.

Hill, Andrew, and Anthony Whichelow (1964). *What's Wrong With Parliament?* Harmondsworth, Middlesex: Penguin.

Huitt, Ralph K. (1968). "Legislatures." In *International Encyclopedia of the Social Sciences*, Vol. 9. New York: Macmillan and the Free Press.

Huitt, Ralph K., and Robert L. Peabody (1969). *Congress: Two Decades of Analysis*. New York: Harpers.

Huntington, Samuel P. (1965a). "Congressional responses to the twentieth century." In David B. Truman (ed.), *The Congress and America's Future*. Englewood Cliffs, N.J.: Prentice-Hall.

_____ (1965b). "Political development and political decay." *World Politics* 17: 386–430. Copyright © 1965 by Princeton University Press. Excerpt reprinted by permission of Princeton University Press.

Items (1973). "Japanese studies." New York: Social Science Research Council, March 1973, p. 7.

Jennings, W. Ivor (1940). *Parliament*. New York: Macmillan.

Jewell, Malcolm E., and Samuel C. Patterson (1966). *The Legislative Process in the United States*. New York: Random House.

Jones, Charles O. (1964). *Party and Policy Making*. New Brunswick, N.J.: Rutgers University Press.

_____ (1967). *Every Second Year*. Washington, D.C.: Brookings Institution.

_____ (1969). "The Agriculture Committee and the problem of representation." In Robert L. Peabody and Nelson W. Polsby (eds.), *New Perspectives on the House of Representatives*. 2d ed. Chicago: Rand McNally.

_____ (1970). *The Minority Party in Congress*. Boston: Little, Brown.

Keen, M. H. (1973). *England in the Later Middle Ages*. London: Methuen.

Kessell, John H. (1964). "The Washington congressional delegation." *Midwest Journal of Political Science* 8:1–21.

Kingdon, John W. (1968). *Candidates for Office: Beliefs and Strategies.* New York: Random House.

_____ (1974). *Congressmen's Voting Decisions.* New York: Harper & Row.

Kornberg, Allen, ed. (1973). *Legislatures in Comparative Perspective.* New York: McKay.

LaPalombara, Joseph (1974). *Politics Within Nations.* Englewood Cliffs, N.J.: Prentice-Hall.

Leonard, Dick, and Valentine Herman (1972). *The Backbencher in Parliament.* London: Macmillan.

Lijphart, Arend (1968). *The Politics of Accommodation.* Berkeley: University of California Press.

Link, Arthur S., ed. (1967). *Papers of Woodrow Wilson.* Vol. 3, *1884–5.* Princeton: Princeton University Press.

Loewenberg, Gerhard (1967). *Parliament in the German Political System.* Ithaca, New York: Cornell University Press.

_____ (1971a). "The role of parliaments in modern political systems." In Gerhard Loewenberg (ed.), *Modern Parliaments: Change or Decline?* Chicago: Aldine.

_____ (1971b). "The influence of parliamentary behavior in regime stability." *Comparative Politics* 3:177–200.

_____ (1973). "The institutionalization of parliament and public orientation to the political system." In Allan Kornberg (ed.), *Legislatures in Comparative Perspective.* New York: McKay.

Lorwin, Val. R. (1966). "Belgium: religion, class and language in national politics." In Robert A. Dahl (ed.), *Political Oppositions in Western Democracies.* New Haven: Yale University Press.

Luce, Robert (1926). *Congress.* Cambridge, Mass.: Harvard University Press.

Mackintosh, John P. (1972). "Parliament now and a hundred years ago." In Dick Leonard and Valentine Herman (eds.), *The Backbencher in Parliament.* London: Macmillan.

Maclear, Anne Bush (1908). "Early New England towns: a comparative study of their development." Ph.D. dissertation, Columbia University.

Manley, John (1970). *The Politics of Finance.* Boston: Little, Brown.

_____ (1974). "The presidency, Congress and national policy-making." *Political Science Annual, 1974.* Indianapolis: Bobbs-Merrill.

Manzella, Andrea (n.d.). "The role of parliament in Italy." Mimeographed. Prepared for the European Parliament Symposium on European Integration and the Future of Parliaments in Europe.

Masters, Nicholas A. (1969). "Committee assignments." In Robert L. Peabody and Nelson W. Polsby (eds.), *New Perspectives on the House of Representatives.* 2d ed. Chicago: Rand McNally.

Matthews, Donald R. (1954). *The Social Backgrounds of Political Decision Makers*. Garden City, N.Y.: Doubleday.

_____ (1960). *U.S. Senators and Their World*. Chapel Hill: University of North Carolina Press.

McClosky, Herbert, and John E. Turner (1960). *The Soviet Dictatorship*. N.Y.: McGraw-Hill.

Medhurst, Kenneth N. (1973). *Government in Spain*. Oxford: Pergamon Press.

Melnik, Constantin, and Nathan Leites (1958). *The House Without Windows*. Evanston, Ill.: Row, Peterson.

Meyer, Alfred, G. (1965). *The Soviet Political System: An Interpretation*. N. Y.: Random House.

Mezey, Michael (1974). "A framework for the comparative analysis of legislatures." Mimeographed. University of Hawaii.

* Mill, John Stuart (1962). *Considerations on Representative Government*. (1st ed. 1861.) Chicago: Regnery.

Namier, Lewis (1963). *The Structure of Politics at the Accession of George III*. (1st ed. 1929.) London: Macmillan.

Neale, J. E. (1963). *The Elizabethan House of Commons*. London: Peregrine.

Needler, Martin (1963). *Latin American Politics in Perspective*. New York: Van Nostrand.

Nicholas, Ralph W. (1966). "Segmentary factional political systems." In Marc J. Swartz, Victor W. Turner, and Arthur Tuden (eds.), *Political Anthropology*. Chicago: Aldine. Quoted by permission.

Notestein, Wallace (1924). *The Winning of the Initiative by the House of Commons*. Raleigh Lecture on History from the Proceedings of the British Academy. London: Oxford University Press.

Packenham, Robert A. (1970). "Legislatures and political development." In Allan Kornberg and Lloyd D. Musolf (eds.), *Legislatures in Developmental Perspective*. Durham, N.C.: Duke University Press.

Patterson, Samuel C. (1970). "Congressional committee staffing: capabilities and constraints." In Allan Kornberg and Lloyd D. Musolf (eds.), *Legislatures in Developmental Perspective*. Durham, N.C.: Duke University Press.

Peabody, Robert L. (1969). "Party leadership change in the United States House of Representatives." In Robert L. Peabody and Nelson W. Polsby (eds.), *New Perspectives on the House of Representatives*. 2d ed. Chicago: Rand McNally.

_____ (1976). *Leadership in Congress: Stability, Succession and Change*. Boston: Little, Brown.

Pierce, Roy (1973). *French Politics and Political Institutions*. New York: Harper & Row.

Pitkin, Hanna Fenichel (1967). *The Concept of Representation*. Berkeley: University of California Press.

Pollard, A. F. (1964). *The Evolution of Parliament*. (1st ed. 1920.) New York: Russell and Russell.

Polsby, Nelson W. (1964). *Congress and the Presidency*. Englewood Cliffs, N.J.: Prentice-Hall.

_____ (1968). "The institutionalization of the U.S. House of Representatives." *American Political Science Review* 62:144–68.

_____ (1969). "Two strategies of influence: choosing a majority leader, 1962." In Robert L. Peabody and Nelson W. Polsby (eds.), *New Perspectives on the House of Representatives*. 2d ed. Chicago: Rand McNally.

_____, ed. (1971a). *Congressional Behavior*. New York: Random House.

_____, ed. (1971b). *Reapportionment in the 1970's*. Berkeley and Los Angeles: University of California Press.

Polsby, Nelson W., Miriam Gallaher, and Barry Spencer Rundquist (1969). "The growth of the seniority system in the U.S. House of Representatives." *American Political Science Review* 63:787–807.

Price, David (1972). *Who Makes the Laws?* Cambridge, Mass: Schenkman.

Price, H. Douglas (1971). "The congressional career: risks and rewards." In Nelson W. Polsby (ed.), *Congressional Behavior*. New York: Random House.

Price, Jacob M., and Gerhard L. Weinberg (1968). "Namier, L. B." In *International Encyclopedia of the Social Sciences*, Vol. 11. New York: Macmillan and Free Press.

Pryor, Frederic L. (1968). *Public Expenditures in Communist and Capitalist Nations*. Homewood, Ill.: Richard D. Irwin.

Ray, David (1974). "Membership stability in three state legislatures: 1893–1969." *American Political Science Review* 68:106–12.

Richards, Peter G. (1959). *Honourable Members: A Study of the British Backbencher*. London: Taber and Taber.

Riggs, Fred W. (1974). "Legislative origins: a contextual approach." Mimeographed. Social Science Research Institute, Honolulu.

Robinson, James A. (1963). *The House Rules Committee*. Indianapolis: Bobbs-Merrill.

Rogers, Lindsay (1968). *The American Senate*. (1st ed. 1926.) New York: Johnson Reprint Corporation.

Rosenthal, Alan (1974). *Legislative Performance in the States*. New York: Free Press.

Rothman, David (1964). "Party, power and the U.S. Senate 1869–1901." Ph.D. dissertation, Harvard University. Subsequently published as *Politics and Power: The U.S. Senate 1869–1901* (1966). Cambridge, Mass.: Harvard University Press.

Rothman, Stanley (1972). *European Society and Politics*. New York: Bobbs-Merrill.

Royal Commission on the Constitution (1969–73). Vol. 2 (1973), *Memorandum of Dissent*. London: Her Majesty's Stationery Office.

Rustow, Dankwart (1967). *A World of Nations*. Washington: Brookings Institution.

Schattschneider, E. E. (1956). "United States: the functional approach to party government." In Sigmund Neumann (ed.), *Modern Political Parties.* Chicago: University of Chicago Press.

Scienze Sociali 2 (August, 1972). Bologna, Italy: Il Mulino.

Shannon, Wayne (1968). *Party, Constituency, and Congressional Voting.* Baton Rouge: University of Louisiana Press.

Shaw, Malcolm, and John D. Lees (1973). "Committees in legislatures and the political system." Paper prepared for presentation at the Ninth World Congress of The International Political Science Association, Montreal.

Shepard, W. J. (1933). "Legislative assemblies: history and theory." *Encyclopedia of the Social Sciences,* Vol. 9. New York: Macmillan.

* Simon, Herbert A. (1957). *Administrative Behavior.* New York: Macmillan.

Snowiss, Leo M. (1966). "Congressional recruitment and representation." *The American Political Science Review* 40:627–39.

Stauffer, Robert B. (1974). "The Philippine Congress: a retrospective on the causes of structural change." Mimeographed. University of Hawaii.

Submission of Recorded Presidential Conversations (1974). "To the Committee on The Judiciary of the House of Representatives by President Richard Nixon." Washington, D.C.: Government Printing Office.

Tacitus (1901). "A treatise on the manners of the Germans." In *Works,* Vol. 2. The Oxford Translation, revised. London: George Bell.

Taylor, Eric (1951). *The House of Commons at Work.* Baltimore: Penguin.

Thernstrom, Stephan (1964). *Poverty and Progress.* Cambridge, Mass.: Harvard University.

Treharne, R. F. (1970). "The nature of Parliament in the reign of Henry III." In E. B. Fryde and Edward Miller (eds.), *Historical Studies of the English Parliament.* Vol. 1, *Origins to 1399.* Cambridge: Cambridge University Press.

Truman, David B. (1955). "Federalism and the party system." In Arthur W. Macmahon (ed.), *Federalism Mature and Emergent.* Garden City, N.Y.: Doubleday.

_____ (1959). *The Congressional Party.* New York: Wiley.

_____, ed. (1965). *The Congress and America's Future.* Englewood Cliffs, N.J.: Prentice-Hall.

Trythall, J. W. D. (1970). *El Caudillo.* New York: McGraw-Hill.

Veysey, Laurence R. (1965). *The Emergence of the American University.* Chicago: University of Chicago Press.

Vinyard, Dale (1968). *Congress.* New York: Scribner.

_____ (1969). "Congressional committees on small business." *Midwest Journal of Political Science* 10:364–77.

Von Beyme, Klaus (1970). *Die Parlamentarischen Regierungssysteme in Europa.* München: Piper.

Wahlke, John C., Heinz Eulau, William Buchanan, and Leroy Ferguson (1962). *The Legislative System: Explorations in Legislative Behavior*. New York: Wiley.

Walkland, S. A. (1968). *The Legislative Process in Great Britain*. London: Allan & Unwin.

＊Weber, Max (1947). *The Theory of Social and Economic Organization*. New York: Oxford University Press.

Webster, T. B. L. (1973). *Athenian Culture and Society*. Berkeley: University of California Press.

Weil, Gordon L. (1970). *The Benelux Nations*. New York: Holt, Rinehart and Winston.

Welles, Benjamin (1965). *Spain: The Gentle Anarchy*. New York: Praeger.

Wesson, Robert G. (1972). *The Soviet Russian State*. New York: Wiley.

Wheare, K. C. (1963). *Legislatures*. New York: Oxford University Press.

White, William S. (1956). *Citadel*. New York: Harpers.

Wiebe, Robert H. (1967). *The Search for Order 1877–1920*. New York: Hill & Wang.

Willoughby, W. F. (1934). *Principles of Legislative Organization and Administration*. Washington, D.C.: Brookings Institution.

＊Wilson, Woodrow (1956). *Congressional Government*. (1st ed. 1885.) New York: Meridian.

Young, James Sterling (1966). *The Washington Community 1800–1828*. New York: Columbia University Press.

Young, Roland (1943). *This Is Congress*. New York: Knopf.

————— (1958). *The American Congress*. New York: Harpers.

Zaller, Robert (1971). *The Parliament of 1621*. Berkeley: University of California Press.

参考文献（上記欧文の参考文献で冒頭に＊印のついた書物の邦訳）

ウォルター・バジョット著「イギリス憲政論」（小松春雄訳、辻清明責任編集『バジョット、ラスキ、マッキーヴァー』所収）、中央公論社、1970年

ロバート・A・ダール著『ポリアーキー』（高畠通敏、前田脩訳）三一書房、1981年

ロバート・A・ダール、C・E・リンドブロム著『政治・経済・厚生』（磯部浩一訳）東洋経済新報社、1961年

J・S・ミル著『代議制統治論』（水田洋訳）岩波書店、1997年

ハーバート・A・サイモン著『経営行動──経営組織における意思決定過程の研究』（二村敏子ほか訳）ダイヤモンド社、2009年

マックス・ウェーバー著『経済と社会』（『支配の諸類型』世良晃志郎訳、
　1970年、『支配の社会学ⅠⅡ』同訳、1960年、など、「経済と社会」シ
　リーズで刊行、未完）
ウッドロー・ウイルソン著『議会と政府 ── アメリカ政治の研究』（小
　林孝輔、田中勇訳）文眞堂、1978年

2　カール・ポパー「民主制について
──『開かれた社会とその敵』の再検討」

荒邦啓介・雨倉敏廣 訳

　　本章は下記論文の全訳である。*The Economist*の1988年
4月23日号に掲載されたものである。
Popper on Democracy : the Open Society and Its Enemies
Revisited, The Economist Newspaper Limited, London
1988.
　　なお、〔　〕は訳者による補足である。

　私の民主制理論は極めて単純で、誰もが簡単に理解できる。だが、
私の理論の基本的問いは、皆が当然と思っている昔からの民主制理論
とあまりにも違うので、両者の相違が理解されて来なかったように思
われる。それはまさしく、私の理論の簡明さのゆえである。この理論
は、「支配」とか「自由（フリーダム）」や「理性」というような仰々しい観念的用
語を避けている。無論、私は自由や理性を尊重するが、これらの用語
でもって、簡明で実際的、かつ実りある〔民主制の〕理論を構築でき
るとは思わない。あまりに観念的で誤用されやすいのだ。そして言う
までもなく、それらの定義から得られるものは何一つない。
　本稿は三つの主要な部分から成る。第一に、古典的民主制理論と呼
びうるものを手短に説明する。国民主権理論のことである。第二に、
〔それに代わる〕より実際的な私の理論を簡単に概説する。第三に、
本稿の大きな部分を占めるが、私の理論につき、いくつか実際的適用
の概要を示す。「この新しい理論が実際にはどんな差異をもたらすの
か」との疑問に答える形でそれを行う。

第1節　古典的理論

　古典的理論とは要するに、民主制は国民主権であり、国民が支配権を持つ、というものである。国民がかかる権利を持つとの主張については、多くの様々な論拠が示されてきた。しかし、ここではそれらの論拠に立ち入る必要はないだろう。それよりも、手短にこの理論と用語の歴史的背景をいくつか検討することにしよう。

　都市国家の主要な諸形態とみなされたものにつき、相互の相違を最初に体系化した理論家はプラトンである。支配者の数により、次の三つを区別した。⑴1人の優れた人物の支配としての君主制、そしてその歪んだ形態としての僭主制。⑵少数の優れた者の支配としての貴族制、そしてその歪んだ形態としての寡頭制。⑶多数者、すなわち全ての人民の支配としての民主制、である。民主制について〔彼は〕、二つの形態を設けていない。多数者は常に群集を成し、それゆえ民主制は本来的に歪んだものだ、としていたからである。

　この分類をより詳しく見て、プラトンの考えの背後にあった問いを考えるならば、以下のことが、プラトンの分類や理論だけでなく、他の全ての人の分類や理論にも見られるのが、すぐに分かる。プラトンからカール・マルクスまで、更にはより後世の人もそうだが、基本的な問いは常に、誰が国を支配すべきか、というものであった（私の主要な観点の一つは、この問いを、全く別の問いに置き換えねばならないということである）。プラトンの答えは単純かつ素朴である——「最善の人（ないしは最善の人々）」が支配すべきだ。可能なら、「全ての者のうちの最善の1人」が支配すべきだ。次善の選択は、最も優れた少数者・貴族の支配だ。だが、多数者の支配、群集の支配、市民の支配でないのは疑いない、という。

　アテネの人々はプラトンの生まれる前にも、これと正反対のことを

やっていた。つまり、人民すなわち市民が支配すべきだとしていた。重要な政治的決定は全て——開戦とか講和など——、全市民の民会によって下された。これは現在、「直接民主制」と言われるものである。だが市民なるものが、アテネ住民の少数派だったこと——さらには〔両親ともアテネ人でなければならず、〕生まれながらのアテネ住民の間でも少数派だったこと——、これを決して忘れてはならない。ここでの観点では、重要な点は次のとおりである。つまり、アテネの民主制論者は民主制を、恣意的支配たる僭主制に代わる政体と実際にみなしていたことである。事実、一般市民の投票によって人気ある指導者に専制的権力が付与されることがあるのは、良く知られていた。

それゆえ一般市民の投票が間違いうること、最も重要な問題でさえ間違いうることも知られていた（このことは、陶片追放という制度から分かる。被追放者は、ただ予防策として追放されただけである。審判もされず、有罪とみなされることもなかった）。次の意味でアテネの人々は正しかった。民主的に下された決定や、民主的投票で政府に委任された権限さえも間違いでありうる、という意味でそうである。誤りを防ぐ政体を創るのは、不可能ではないにせよ難しいのである。これが、神聖とか道徳上正統的な人民の支配すべき権利に基づくのではなく、専制を避けるという実際的原理に基づき、民主制の理念を基礎づける、最も強力な理由の一つなのである。

ヨーロッパの歴史では、（私見では根拠の乏しい）正統性の原理が極めて重要であった。ローマの歩兵軍団が強力だった間は、皇帝は、軍隊が支配者を（拍手によって）正統化するという原理に権力の根拠をおいていた。だが帝国の衰退と共に、正統性は差し迫った問題となった。このことをディオクレティアヌスは強く感じた。そして彼は、伝統的・宗教的な栄誉とともに、シーザー、アウグストゥス、ヘラクレス、ジュピターといった人の様々な称号に備わる属性でもって、皇帝崇拝の至上権という、イデオロギー的に新しい体系を保持しようと試みた。

しかし、更に一層権威的で、強い宗教的正統化が必要だったようで

ある。次の世代では、キリスト教という形態の一神教（有力な一神教の一つで、最も広く伝わったもの）がコンスタンティヌスに〔正統性の〕問題の解決法を提供した。そのとき以来、支配者は、唯一・万能たる神の影響力によって支配した。この新たな正統イデオロギーが完璧に成功したことは、宗教上の権力と世俗的権力との連携と緊張とを明らかにした。かくして、この宗教上の権力と世俗的権力は、中世を通じて相互に依存し、また、それゆえ競合者となった。

その結果、中世では、「誰が支配すべきか」という問いにつき、〈神が支配者であり、神が正統な人間の代理人を通じて支配する〉という原理が答えとなった。この正統性原理は、まず宗教改革によって真剣に試みられ、次いで国民の神聖なる権利を宣言した1648‒49年の英国共和政宣言でも同様に試みられた。だが、この革命〔共和政〕で、国民の神聖なる権利は、直接にはオリバー・クロムウェルの独裁の樹立に利用された。

この独裁者が死去すると、再び以前の形式の正統性に戻った。この王政復古は、正統的君主たるジェームス二世が、自分自身でプロテスタント的な正統性を侵すものであった。その結果1688年の「名誉革命」が導かれ、更には議会権力の漸進的強化を通じ、英国民主制の発展へとつながった。そしてそのことにより、ウィリアム〔三世〕とメアリー〔二世〕の統治が正統化された。まさにこの事態の展開の特徴は、《誰が支配すべきか》をめぐる神学的、イデオロギー的な根本論争が破局しかもたらさない、という体験によるものであった。国王の正統性はもはや確たる原理ではなくなり、国民主権もまた同様に確たるものではなくなっていた。実際に見られたのは、議会の意志によって作られた、いくぶん正統性の疑わしい君主制と、極めて着実な議会権力の増強とであった。英国人は抽象的な原理を疑わしく思うようになり、「誰が支配すべきか」というプラトンの問いは、英国ではもはや真面目に取り上げられなくなった。そして今日でも同様に取り上げられることはない。

英国の政治家ではないが、カール・マルクスはなお、昔ながらのプ

ラトンの問いに囚われていた。彼はプラトンの問いを次のように理解した。「誰が支配すべきか？　善良な人々か、それとも邪悪な人々か——労働者か資本家か？」。自由の美名の下に、国家を全く認めない人々さえ、誤解に基づく昔流の問いの足かせから、自己を解放することができなかった。彼らもまた、支配のあらゆる形態の敵対者たる無政府主義者を自称したからだった。「誰が支配すべきか」という昔流の問いから逃れようとした彼らの試みに、人は共感を覚えるかもしれないが、それは成功の見込みのない試みであった。

第2節　より現実的な理論

　私の『開かれた社会とその敵』では、全く新しい問いが合理的な政治理論の基本的な問いと認められるべきだ、という提案をした。「誰が支配すべきか」という古い問いとは明らかに異なり、新しい問いは、こう定式化できる。流血なしに——暴力なしに——悪い支配者を追い払えるように、どう国家を構築すべきか、という問いである。

　これは古い問いとは対照的に、全くもって味も素っ気もなく、ほとんどテクニカルな問いである。そして、いわゆる近現代民主諸国は全て、この問いへの実際の、良い答えの例となっている。近現代民主諸国が、この問いを念頭に置いて意識的に構築されていない場合でも、そうである。民主諸国は全て、新しい問いの最も簡単な答えたる、各政権が過半数の票で更迭されるという原理を採用しているからである。

　しかし、近現代民主諸国も、理論上はいまだに古い問いの上に形成されている。しかもそれは、次のような全く非実際的なイデオロギーに基づいている。真の本源的支配者にして唯一正統的な支配者——本来そうあるべき者——は、国民、つまり全成人市民だ、というイデオロギーである。だがもちろん、国民が現実に支配している国など、どこにもない。支配しているのは政府である（そして不幸にも、官僚

すなわち役人——ウィンストン・チャーチルの言う、威張った小役人——もまた支配している。そして役人に行動の責任を負わせるのは、不可能ではないにせよ、難しい）。

　この単純で実際的な統治についての理論がもたらす帰結は何であろうか。私の問いの立て方と、その単純な答えはもちろん、英国の不文憲法とか英国議会を多かれ少なかれモデルとしている多くの成文憲法など、欧米民主諸国の実態と矛盾しない。私の理論、〈私の問いの立て方とその答え〉が述べようとするのは、この実態のことである（そして、民主諸国の理論のことではない）。そしてこの理由から私は、これを「民主制」の理論と呼ぶ。この「民主制」理論は断じて「国民の支配」ではなく、過半数の投票による流血なしの政権交代を求める、規範の支配のことである。だが、それにもかかわらず、これを「民主制」の理論と呼びうると私は考える。

　私の理論は、例えば「国民が投票で独裁の実施を決めたなら、何がなされるべきか」といった問いに見られるような、古い理論の矛盾や困難を容易に回避する。もちろん投票が自由ならば、こんな例は生じそうにない。だが、現に生じたのだ。そして、もし生じたら、どうなるのであろうか。大多数の憲法は実のところ、憲法の規定を修正や変更するには、過半数を超える票数を求める。例えば、民主制に反する議決に関しては、おそらく三分の二か、更には四分の三の（「特別」）多数を求めることだろう。しかし、このような条件は、各国の憲法がかかる変更〔独裁の実施〕を認めている、という上でのことである。そして同時に、諸憲法が（「単純」）多数の意志こそ権力の究極の淵源だ——国民の過半数の票によって支配権が与えられる——、とする原理と合致していないことをも示している。

　「誰が支配すべきか」という問いに代えて、次のような新しい実際的な問いに取り組むなら、これらの理論的困難は全て避けられる。どうすれば悪い支配者が酷い害を引き起こす状況を、一番うまく避けうるか、という問いがそれである。〔ただ、〕過半数の票で政府を交代さ

せるのを認める憲法〔政治体制〕が我々にとって最良の答えだとして
も、過半数の票が必ず正しいとまで言うものではない。それが多くの
場合は正しいだろう、と言うものでさえない。我々はただ、この必ず
しも完全ではない手続が今までのところ考案されたもので最良のもの
だ、と言うだけである。ウィンストン・チャーチルは、かつて冗談っ
ぽくこう言った。〈民主制は最悪の政治形態だ──他の既知の政治形
態の全てを除いての話だが〉と。

　そして、これが要点だが、流血なしには解任され得ない独裁という、
〈民主制以外の政治形態〉の下にあった者なら誰でも、不完全なもので
あっても民主制は戦い取る価値があり、そのために命を賭けるに値す
ることを知っているだろう。だが、これは私個人の信念でしかない。
それを他人に強いるのは適切でない。

　理論全体の根拠としうるのは、独裁か、それとも何らかの形態の民
主制か、この二つの既知の選択肢しかない、ということである。そし
てその選択の根拠は、民主制の良さ──それは疑わしい──にある
のではない。そうではなく、確実なものたる独裁の有害さこそが、民
主制を選ぶ根拠なのである。独裁者は必ず権力を悪用するからである。
しかも独裁者は、たとえ慈悲深い独裁者だったとしても、全ての人が
負うべき責務を奪い、それゆえ人として当然の権利義務を奪うからで
ある。このことが民主制、すなわち〈政権交代を可能とする規範
（ルール）の支配〉を選ぶ、十分な根拠なのである。どんな多数派であ
れ、この規範の支配を放棄する権限を与えられるべきではない。

第3節　比例代表制

　以上が、古典的理論と新しい理論の理論上の相違である。両理論の実
際上の相違については、一例として比例代表制の問題を検討してみたい。

　比例代表制に賛成する通常の理論の背景をなすのは、〈国民の、国

民による、国民のための支配〉が自然権や天賦人権を合法化するという、古典的理論とその信条である。というのは、国民が自身の代表を通じ、多数の票に従って支配するというなら、それには正統な権力の真の淵源たる国民自身の間で何が優勢な意見かを、議員の間の意見の数的な割合に可能な限り厳密に、鏡のように反映させることが不可欠となるからだ。それ以外は全て、著しく不当であり、それはどんな正義の原理にも反する〔とされる〕。

このような比例代表制賛成論は、古典的理論が放棄されれば崩壊する。我々はその結果、より冷静に、多分さほどの偏見なく、比例代表制の不可避的な（おそらく意図してのことではないのだが）実際の結末に眼を向けることができる。そして、その結末たるや惨憺たるものなのである。

まず比例代表制は、たとえ間接的ではあっても、政党に憲法上の地位を付与することになる。その地位を政党は、他の方法でもっては得られない。というのは、有権者はもはや自分を代表すると信じる人物を選べなくなるからだ。つまり政党しか選べなくなるのだ。更には政党だけが、党を代表するとされる人物を選ぶのだ。国民とその意見は常に最大限考慮されるのが当然とはいえ、政党にとり上げられた意見は、普通の人の意見と同じものではない。それはイデオロギーである（政党とは概して個人の出世と権力の手段である。そこには、必然的に含まれる陰謀のためのあらゆる機会がある）。

比例代表制をとっていない政治体制では、政党は全く言及される必要がない。政党は公的地位を与えられる必要がないのだ。各選挙区の有権者は、その選挙区を代表する者を議会に送る。その代表たる議員が無所属で活動するか、他の議員と協力して政党を作るかは当人に委ねられる。議員は、それにつき有権者に対して説明し、説得せねばならないだろう。

議員の職務は、全力で自分が代表する人々の全ての利益を代表することである。これらの利益は、ほとんどの場合、その国の全市民の利益、つまり国民の利益と一致するだろう。これらの利益は、知り得る

限りでの知識を動員して判断し、追求しなければならないものである。議員は、一個人として国民に対し責任を負う。

　これが議員の唯一の職務であり、唯一の責任でもある。そして、そのことは憲法によって認められねばならない。仮に議員が政党にも義務を負うと考えたとしても、その義務は、無所属でいるよりも政党と結び付く方が本来の義務を果たせると、その議員が思ったという事実面にのみ留められるべきものである。それゆえ無所属として、あるいは他の党で、もっと良く本来の義務を果たせるとその議員が判断するときは、いつでも所属政党を離れることが、その議員の義務となる。

　以上のことは、その政治体制が比例代表制を取り入れた場合、どれも妥当しなくなる。なぜなら、憲法の条文がどうであれ、比例代表制の下では候補者は政党の代表として票を求めるだけだからである。議席を得る場合、その候補者は――それだけでないにせよ――主に政党に属し、その党を代表するがゆえに、議席を得るのである。かくして議員の忠誠は主に、所属政党とそのイデオロギーに向けられねばならない。忠誠は（おそらく党の指導層以外の）人々には向けられない。

　したがって、党の方針に反して賛否の票を投じることは、決してその議員の職務とはなり得ない。それどころか、その議員は議会に議席を有する党の代表として、所属政党に道義的に拘束されている。そして私見では、このことをその議員が自己の良心と一致させられなくなるのなら、所属政党を離れるだけでなく、議員も辞職するのが、道義的義務となろう。たとえその国の憲法が、かかる義務を議員に求めていない場合でも、そうなのである。

　実際、比例代表制は議員から個人的責任を奪い、また、議員を道理が分かり情のある人物から自動投票機に変えてしまう。私の見解では、これは、それだけで比例代表制に反対する十分な論拠である。なぜなら、我々が政治で必要としているのは、自力で判断でき、自己責任を担う覚悟のある個人だからである。

　このような人物は、どんな政党システムの下でも見出すのは容易で

はない。比例代表制の下でなくとも、そうである。――そして、政党なしで政治を行う方法はいまだ見出されておらず、そのことは承認されねばならない。だが政党が必要だとしても、我々の政治体制の下で、比例代表制の導入によって政党組織やそのイデオロギーへの議員の隷従性を故意に強めることは避けた方がよい。

　比例代表制の直接の帰結は、政党の数を増やす傾向があることだ。一見したところ、これは好ましいことのように思われるかもしれない。政党が増えれば、それに伴い選択肢が増え、選択可能性も広がり、より柔軟な選択ができるようになり、意見表明の幅も広がるようになる。それはまた、影響力と権力が、より多くの人に分散することも意味している。

　しかしながら、〔比例代表制についての〕この第一印象は全くの間違いである。多くの党の存在は、本質的に連立政権が不可避となることを意味している。そのことは、新たにどんな政権を成立させるのにも、一定期間協力して政権を維持するのにも、そのいずれにおいても困難が生じるのを意味する。

第4節　小党の支配〔過剰な影響力〕

　比例代表制は、政党の影響力が得票数に比例すべきだとの考えに基づいているのだが、連立政権では大抵、小党が不釣合いに大きな影響力を及ぼせる――いや、時には決定的な影響力を及ぼせることも少なくない。小党の影響力は、政権樹立と政権解消の両方に及び、その結果政権の全ての決定に及ぶ。それが大変問題なのは、責任の衰退を意味するからである。連立政権では、連立の全てのパートナーへと責任が薄められてしまうのである。

　それゆえ比例代表制――そして、その結果としての小党分立――は、例えば議会総選挙で、どうやって政府を投票で政権から解任し、

更迭するか〔下野させるか〕という決定的な問題について、有害な結果をもたらすことがある。有権者は、おそらくどの党も過半数を得ないだろう、と予想させられることになる。内心でこう予想するがゆえに有権者は、いずれかの党に不信任の結果をもたらすような票を投じることはしない。その結果、投票日に、どの党も更迭されないし、どの党も咎められない。したがって、誰も選挙の日を審判の日とはみなさない。つまり、責任ある政府が、功績と怠慢、成功と失敗について説明すべき立場にある日とはみなさず、また、責任野党が、政府の業績を批判し、政府がとるべきだった方策と、その理由を申し立てる日ともみなさないのである。

　いずれかの党が５％や10％、得票を減らしても、有権者による「有罪」の評決とはみなされない。政党はそうではなく、逆に一時的な人気の浮き沈みとしか見ない。結局、国民は、どの党や政党指導層も実際には連立形成の必要性によって強いられる決定には責任を取らされないもの、との考えに慣らされてしまっている。

　私の主張する新しい理論からすれば、投票日は審判の日たるべきである。紀元前約430年にアテネのペリクレスが言ったように、「政策を決めるのは少数の人だけだが、我々全員がそれに審判を下せる」。もちろん我々は判断を誤ることもあるし、実際、我々は何度も誤っている。しかし、ある党が政権にあり、好ましからざる影響を感じたときには、我々は少なくとも〔次の選挙で〕審判を下す資格がある。

　このことは、政権与党と指導者が、自分たちの行ったことに完全に責任を負うべきことを前提とする。その結果、そこでは、多数派政権が前提とされることになる。だが比例代表制の下では、過半数を有していた政党が、失望した国民多数に拒否された場合でも政権から追い出されないケースが生じ得る。その党はむしろ、支配し続けるのに十分な助けとなる小党と組もうとするだろう。

　それゆえに国民から拒否された大政党の指導者が、なおも引き続き政権を担当することがある。──国民多数派の票とはまさに反対のこ

とであり、しかも一小党の得た票に助けられて存続することから、その政権の政策は理論上、「国民の意志を代表すること」から程遠いものとなる場合がある。もちろん、その小党が新政権で強力な地位は占められないこともありうる。だが、その力は、いつでも政権を引っくり返せるのだから、非常に大きいといえよう。以上のことは全て、比例代表制の根底にある理念、つまり政党の及ぼす影響力はその党が得た得票数に相応したものでなければならない、という理念に大きく背くものである。

第5節　二　党　制

　多数派政権を可能にするには、英米などの二党制に相当するような、何らかの政党制が必要である。比例代表制を行うことでこの可能性が達成困難となるがゆえに、議会民主制のためには、民主制は比例代表制を求めるというような、一見魅力的な観念に心を奪われるべきでない、と私は言いたいのである。そうではなく我々は二党制か、せめてそれに近い政党制の実現に努力すべきである。というのは、このような政党制は二党による絶え間ない自己批判作用を促すからである。

　しかしながら、このような見方はたびたび、二党制への声高な反対意見を招く。元より「二党制は二党以外の政党の成立を抑圧する」という反対意見は、検討に値する。そして、その見解は正しい。だが英米ともに、二つの主要政党の内部には、少なからぬ変化がはっきりと見てとれる。だから、他党の成立が抑圧されることでもって、二党制には柔軟性がない、と見る必要はないのである。

　論点は以下のとおりだ。つまり、二党制の下では、選挙に敗けた政党は、真剣に敗北を噛み締める傾向がある、ということである。それゆえ、達成目標につき自己改革を探るだろう。そしてそれは、イデオロギーの改革につながる。もし、その党が二度、三度と連続して敗北

したなら、必死に新しい理念を追求することとなろう。それは明らか
に健全な発展なのである。このことは十分に生じ得る。たとえ得票数
の減少が、それほど大きくなくとも、そうである。

　このようなことは、多党制や連立政権の下では生じ難い。とりわけ
得票数の減少が小さい場合には、指導者も有権者も小さな変化で済ま
せる傾向がある。得票数の増減をゲームの一部とみなしてしまうのだ。
どの党も、明白な責任をとらないからである。民主制に必要なのは、
もっと敏感で、絶えず油断なく状況判断する政党なのだ。この過程の
中でのみ政党は、自己批判的たるよう仕向けられうる。現にそうなっ
ているが、選挙での敗北後の自己批判の傾向は、二党制の国の方が、
多党制の国よりもずっと顕著である。それゆえ第一印象とは違い、実
際には二党制は、多党制よりも柔軟性があるように思われる。

　また、次のようなことが言われることがある。「比例代表制は、新
党に台頭の機会を与える。比例代表制でなければ、その可能性は非常
に小さくなる。そして、単に第三党が存在するだけでは、二大政党の
活動を大きく改善しえない」と。これはもっともな主張である。だが、
かかる新党が五党も六党も出て来たら、どうなるのか。既に論じたよ
うに、一小党でさえも、全く不釣合いな力を行使できる場合が生じう
る。つまり、小党が連立に加わることで二大政党の一方が連立政権で
与党になれるケースで、その小党が二大政党のどちらかを選べる場合
がそうである。

　こうも言われる。「二党制は〈開かれた社会〉という理念と両立しな
い──新しい見解への寛大さや多元的価値観の理念と両立しない」
と。答えは次のとおりだ。英米両国とも新しい見解に非常に寛大であ
る。当然ながら、全くの寛大さは自滅的となるだろうし、完全な放縦
ともなるだろう。その上、文化的寛大さと政治的寛大さは別物である。
そして、政治的議論を更に寛大にすること以上に重要なのは、〔選挙
という〕政治上の審判の日に対する正しい考えである。

第Ⅲ部

重点解説

1　ジョバンニ・サルトーリの選挙制度論　　加藤秀治郎

2　ジョバンニ・サルトーリの両院制論　　　加藤秀治郎

＊　ジョバンニ・サルトーリ　　イタリア生まれの政治学
者（1924〜2017）。長くアメリカのコロンビア大学教授
を務めた。比較政治学、特に政党論、政党システム論で
有名である。

『現代政党学』（普及版、早稲田大学出版部、2009年）
で「一党優位性」「穏健な多党制」などの概念を提示し
たことで知られる。

その後『比較政治機構改革論』という著書で、選挙制
度、大統領制、一院制・両院制など、比較の観点から本
格的に論じた。

この書物には邦訳も出たが（『比較政治学』早大出版
部）、あまり注目されないまま、絶版となっているので、
本書第Ⅲ部で、ここの議論を、多めの訳文とともに、紹
介した。選挙制度と、両院制に関する部分である。

1　ジョバンニ・サルトーリの選挙制度論

加藤秀治郎

　サルトーリは、「デュベルジェの法則」についての批判的検討を通じて、独自の選挙制度論を展開している。時期は1970年代に様々な論文で展開され、1990年代に著書に収められている（その一部の邦訳は加藤秀治郎・岩渕美克編『政治社会学』一藝社、第5版、所収）。

1　デュベルジェの法則

　「デュベルジェの法則」とは、フランスの政治学者、デュベルジェが、選挙制度の政党制（政党システム）に及ぼす作用を扱ったもので、「小選挙区制は二大政党制をもたらす」というように、ある選挙制度から、ある政党制がもたらされるということを法則化したものである。彼のオリジナルな考えというよりは、いろいろな形で述べられてきたものを、最初に体系化して述べたものである。

　デュベルジェは1951年に刊行された『政党』で体系的に論じており、邦訳（『政党社会学』潮出版、1970年）により、わが国でも広く知られている。ずっと後に、「デュベルジェの法則——40年後の再考」（邦訳、加藤編『選挙制度の思想と理論』芦書房、所収）という論文で、やや慎重な定式化に改めている。ここでは後者により説明する。

　「デュベルジェの法則」は、わが国では単純化され、①比例代表制は多党制を促し、②小選挙区制（相対多数代表制）は二党制を促す、と語られているが、正確には、フランスの二回投票制をも扱っており、

次の３つの法則をいう。

　　①　比例代表制には多くの政党を形成する傾向がある。

　　②　相対多数代表制には、二党制をもたらす傾向がある。

　　③　二回投票制には多くの政党を互いに連合させる傾向がある。

　以下、簡単に見ておく。

　①　比例代表制では、少ない票でも議席を得られるので、政党は選挙でバラバラに戦うから、小党でもそのまま議会に残るので、多くの党になる。

　②　小選挙区制など相対多数代表制では、大政党でないと議席獲得が容易でないので、二党制となりやすい。その理由として彼は、「機械的（メカニカル）要因」と「心理的要因」があるとした。機械的要因とは、小選挙区で当選するのは第一党か第二党の候補者ばかりで、第三党以下では議席獲得が難しいため、結果として二大政党制に近くなることである。心理的要因とは、有権者が第三党以下の候補者に投票しても、議席に結びつかないので、死票になるのを嫌い、当選可能性のある候補者に投票するようになる、という有権者の心理に基づくものをいう。

　③　二回投票制とは、フランスのように、一度目の投票で誰も絶対多数（過半数）を得られない場合、決選投票に持ち込まれる制度である。絶対多数にこだわるので、絶対多数代表制といわれる。そこでは、優越的な政党がないかぎり、一度目は多くの政党がバラバラに候補者を立てても構わないので、多党制となるが、決選投票では連携して臨まないと勝ち目がないので、政党間の連合関係が形成されていくという。

　このような説は、基本的には選挙制度の作用は強力だとする立場からなされており、デュベルジェはその代表とされてきた。他に著名な学者では、ドイツのヘルメンスなどが、選挙制度の作用をきわめて大きいとしている。選挙制度の「強力効果説」と呼んでよい。

2　選挙制度の限定効果説

　選挙制度の作用は強力だとする「デュベルジェの法則」は、アメリカ、イギリス、フランス、ドイツなど、主要な諸国の歴史的事例を巧く説明するように思われるので、支持者が多い。しかし、中小諸国も含めて検討すると、「法則」にあてはまらないケースが少なくない。ノルウェーの政治社会学者ロッカンなどは、包括的な比較研究を重ねて、デュベルジェのような学説を厳しく批判した。大国の限定された経験から、過度の一般化がなされてはならない、というのである。

　各国の歴史、政治的伝統、政治文化、イデオロギー対立などが考慮されねばならないとされ、宗教、言語、民族、階級など、各国社会内で政治的対立を生む社会構造上の要因が重視される。それを社会構造上の「クリヴッジ」（cleavage：対立基軸、分界線）というが、クリヴッジのあり方により、同じ選挙制度でも政党制は異なるというのである。そこではクリヴッジの数やタイプが重視される。

　小国ノルウェー出身のロッカンらは、このような観点から政党制を研究したのだが、その主張はきわめて包括的な比較研究の上に立つものであった。大国に偏らず、広い歴史的視野から、縦横無尽に選挙制度を論じている。例えば比例代表制だが、「少数派保護」の観点から主張されただけではないという。歴史的には普通選挙制の導入の際に、旧勢力が一定の勢力を確保しておくために主張するなど、「反社会主義的」な観点から採用された時期もある、というのである（前掲、加藤編、所収のロッカン論文）。

　「デュベルジェの法則」に合致しないケースは次のようなものだ。カトリック勢力と世俗的勢力に二分されているオーストリアでは、比例代表制にもかかわらず、二党制に近い結果となっている。逆に言語が二つに分かれるなどの影響で、地域的に政党の強弱のあるカナダで

は、小選挙区制にもかかわらず、単純に二党制とはならず、第三党以下の政党が幾つか残ることになっている。また〔西〕ドイツでは、比例代表制の下で三党制が続き、長らく政党の増加はみられなかった。社会構造から自然に政党制が出来上がるのだから、人為的に選挙制度を変えても政党制が変るわけではない、という主張である。

　選挙制度と政党制が関連あるように見えるのは、多党制の国で、それに見合った選挙制度として比例代表制が採用されるなど、既成の政党制にそくして、それに合う選挙制度が選ばれているからだ、というのである。つまりは、政党制が先にあり、選挙制度は結果である、という説である。ここでは、選挙制度が大きな影響力を持つとの強力効果説は否定されているのであり、この立場はロッカンでもって代表させることができよう。選挙制度の「限定効果説」と呼べよう。

　ロッカンの説を要約して、ボクダノアはこう書いている（前掲、加藤編、所収、ボグダノア論文）。

　　　「選挙制度が基本的だとする理論とは対照的に、選挙制度は〔政党制などの〕原因ではなく、全く結果的なものであると主張する理論が提起された。選挙制度は、それ自体が、社会的、歴史的要因の所産たる諸政党の配列構図に由来する、とされた。……新しい理論の本質は、政党制の動向が、選挙制度や何らかの制度的要因によって規定されるのではなく、その社会のクリヴッジのタイプや数によって決まる、とするところにあった。もし多くの社会的クリヴッジがあるなら、相対多数代表制や絶対多数代表制の下でも、多党制となるだろう」。

3　政党制の「構造化」と選挙制度の「拘束性」

選挙制度の作用については、それが強力だとするデュベルジェのよ

うな学説と、それを否定するロッカンのような学説とがある。選挙制度を変えれば政党制を変えることができるという主張も、そのようなことはないとする反論も、学術的な代弁者が存在するのだ。

「デュベルジェの法則」が単純にすぎるのはその通りだとしても、まったく作用はないというのも言い過ぎではないか、という中間的な立場もある。選挙制度を変えるというと、政治家が騒ぎ出すのは、何らかの作用があるのを体で感じているからである。とすると、なにか両者を巧く包摂する理論はないものか、という期待が出てくる。そして、そういう期待に応えようという重要な試みが、サルトーリの学説である。

彼は選挙制度の政党制への作用につき、次のような理論枠組をつくって論じている。

まずは、政党制の「構造化」という基準である。これは、政党がその国の社会によく根を下ろしており、構造化されているか否かである。その点に着目すると、構造化の強弱の軸上に、構造化の「強い 政党制」の国から、構造化の「弱い 政党制」の国まで、各国は位置づけられる。つまり、強から中間、そして弱へ、軸上に連続的に位置づけられるのだが、単純にするため構造化の「強い国」「弱い国」に二分して議論を進めている。

「構造化」について彼はいろいろな説明をしているが、ある箇所で伝統的な用語を使い、組織的な大衆政党と名望家政党の対比に置き換えている。つまり、構造化の強い政党制とは、組織的大衆政党が一般的な国であり、逆に構造化の弱い国とは、議員政党的な名望家政党が多い国である。

また、選挙で「有権者が人物本位で選ぶ限り、また有権者が人物に対して単に投票するだけなら、政党の影響はあったとしても、ごくわずかに留まる。だから、こうした状況が一般に広まっている限り、政党制が構造化されているとはいえない」と述べている。

この基準でいうと、日本の自民党が名望家政党の体質を強く残し、

後援会組織など個人本位の集票をしているように、日本は構造化の程度の低い国ということになる。共産党や公明党のような、組織的大衆政党の色彩が強い政党も存在するが、両党はわが国では例外的であり、自民党や旧民主党などを見る限り、構造化は弱い。

逆に、構造化の強い国としては、イギリスなどを念頭に置けばよいであろう。党員が多く、誰が候補者に決まっても、党員は一所懸命に選挙運動をやってくれるものである。わが国では、公明党や共産党がそのタイプだが、両党はやはり例外的存在である。

サルトーリは、これを選挙制度の議論につなげていく。まず、デュベルジェの説では、多数代表制（小選挙区制など）は二党制を促すということになるが、それはイギリスのように、構造化の強い国で生じる現象であって、日本など構造化が弱い国では、そうなるとはかぎらない、ということになる。

また、構造化の程度が低いと言うことは、政党が単なるレッテルのようなものだから、何党から出馬しようとあまり関係なくなる。無所属候補でも当選できるのはそのためで、この点でもわが国の現状は「構造化の弱い政党制」と言ってよい面が残っている。小泉内閣の時の郵政選挙では、選挙区によっては自民党公認と自民系の無所属が激しく争った選挙区が少なくなかったが、これは小選挙区における２名の競合であっても、政党制として全国的に二党制となるとは限らないことを示すものである。

彼はさらに進んで、選挙制度にもいろいろなタイプがあるという。これも軸上に連続的に層をなしており、基準は選挙制度の「拘束性」の強弱である。拘束性とは、有権者に対する作用と、政党への作用についていうものである。まず、有権者に対して選択肢が少ないところで選択を迫る制度は、「拘束的」な選挙制度である。小選挙区制では、候補者が絞られることになるので拘束性が強く、比例代表制では政党が乱立してくるので、拘束性が弱いと考えられる。

また、政党に対しては、政党の数を減少させるように作用すること

を「拘束的」と呼んでいる。そうすると、小選挙区ではバラバラでは勝てないからまとまろうとするので、拘束性が強いということになる。

　先に、デュベルジェが相対多数代表制（小選挙区制）では、第三党以下は結果的に議席がとれないため（機械的要因）、二大政党制になりやすいとか、有権者が死票になるのを嫌って大きな政党の候補者に投じるため（心理的要因）、二大政党制になりやすい、としていたことをみたが、そのような作用のある選挙制度を拘束的と呼んでいるのである。

　予め理論の骨格を理解してもらうため、細かい点を省いて説明しておくとこうなる。つまり、この基準では小選挙区制などは拘束性の「強い選挙制度」である。比例代表制では、まとまらなくても議席が狙えるので、拘束性による圧力が弱く、「弱い選挙制度」となる。つまり、比例代表制は、拘束性が弱い選挙制度である。

　これが基本だが、さらにサルトーリは突っ込んで議論している。比例代表制も多様であり、その相違が重要だというのだ。純度の高い比例代表制もあれば、あまりそうでない比例代表制もあるというのだ。

　例えば、ドイツの５％の阻止条項など、議席獲得での敷居を設けている場合や、逆に上位の政党にプレミアムで一定の議席（ボーナス議席）を追加的に付与する制度がそれである。この場合は、阻止条項をクリアするためにまとまることがあるし、ボーナス議席を狙ってまとまる場合もあろう。そこに拘束性が生じて来て、その程度に応じて「拘束的な選挙制度」になる、というのだ。

　また、阻止条項の他には、選挙区定数の多寡が大きな要因である。わが国の衆議院の比例代表制のブロックだが、近畿のように多いとかなり比例的だが、四国のように少ないと、小党には初めからチャンスがない。仮に、全国180を分けずに議席配分すれば、極めて比例性の度合いが高くなる。

　つまり、阻止条項やボーナス議席という制度上の拘束と、選挙区を小さくして定数を少なくすることでも拘束が生じるのである。この２

つの要因が比例性の度合いを左右する要因である。──比例代表制で
も、純粋なものを除くと、あまり比例的ではなくなり、比例の度合い
の高くないものは、拘束性の強い選挙制度に近くなる、ということで
ある。

4　選挙制度の作用

　このように、2つの選挙制度の類型と、2つの政党制の類型がある
が、それぞれの組み合わせで、4つのケースが生じてくる（下図参
照）。サルトーリの狙いは、それぞれケースに応じて選挙制度の作用
が異なることを明確に示すことである。

図　政党制と選挙制度の組み合わせによる影響

		選挙制度〔の拘束性〕	
		強い（多数代表制）	弱い（比例代表制）
政党制〔の構造化〕	強い場合	（1） 選挙制度による政党数削減の効果あり	（2） 選挙制度の効果は政党制によって相殺・妨害される
	弱い場合	（3） 選挙区レベルでの削減効果のみ（全国レベルは別）	（4） 影響なし

　第一は、政党が社会に根を下ろしている国で、小選挙区など多数代
表制が用いられる場合である（「拘束性の強い選挙制度」と「構造化の
強い政党制」の組合せ）。イギリスがそうだが、小選挙区制の政党数
削減の作用が働き、政党数は減少し、二党制に近くなる。
　第二は、社会に政党が根を下ろしている国で、比例代表制が採用さ
れる場合である（「拘束性の弱い選挙制度」と「構造化の強い政党制」
の組合せ）。そこでは比例代表制のオーストリアが二党制となってい

るように、比例代表制の効果（政党数削減効果）は強い政党制によって相殺され、あまり働かない。政党制が強く構造化されている国で比例代表制を採用しても、選挙制度はあまり作用せず、既存の政党制に変化をもたらすことはない。

　第三は、政党があまり社会に根を下ろしていない国で、小選挙区制など多数代表制が採用される場合である（「拘束性の強い選挙制度」と「構造化の弱い政党制」の組合せ）。選挙区レベルでこそ、2人の候補者が激しく争うことになるが、それがそのまま全国的な二党制となる保障はない。

　第四は、政党があまり社会に根を下ろしていない国で、比例代表制が採用される場合である（「拘束性の弱い選挙制度」と「構造化の弱い政党制」の組合せ）。この場合、選挙制度が特に作用を及ぼすことはない。したがって、その国ではあるがままの政党制が、そのまま続いていくと考えられる。

　要するに、選挙制度が政党の数の増減に作用を及ぼすかどうかは、その国の政党の在り方（政党制の構造化の程度）に左右されるという学説である。こう整理してみると、多くの現象が巧く説明できるのであり、極めて有力な学説と考えられる。

2 ジョバンニ・サルトーリの両院制論

加藤秀治郎

わが国の参議院では、一票の格差の問題などから、長らく選挙制度の議論が続けられているが、その内容にふれると両院制についての認識が極めて浅いことを感じさせられる。「せっかく両院制なのだから、衆議院とは別の選挙制度にせよ」といった見解が、無前提に述べられているのである。ここでは、そのような問題を考える上で、基本的かつ重要なサルトーリの両院制論を紹介していく。

1 低調な議会論議

両院制については次の言葉が有名だ。「第二院は何の役に立つのか？ 両議院が同じ議決をするなら無駄であり、対立するなら有害である」。──なかなかの名文句で、フランス革命時のシエイエスの言葉とされてきたが、その後の調べでは、それは誤りと判明している（阪本尚文論文『法律時報』2012年12号）。

経緯はこうである。──代表的な東大の憲法教授が、英国のブライス『近代民主政治』（岩波文庫）に依拠して紹介したが、出典が示されていなかった（美濃部達吉『議会制度論』、宮沢俊義『憲法の原理』）。このブライスの誤った記述がそのまま紹介され、広まったのだ。

両院制の問題は、主に憲法学と政治学で論じられるが、このエピソードに示されるように、憲法学者の議論のほどには疑問が持たれる。日本の両院制についても、「衆院の優越」を漠然と書いているだけで、

十分に論じていなかった。現実に「ねじれ国会」が生じて混乱したことは変化の契機となってよかったはずだが、そうならなかった。

　だが、政治学者も問題含みである。著名な政治学者サルトーリが鋭い指摘をしていたのに、日本ではお座なりな紹介に終始してきた。『比較統治機構改革論』（*Comparative Constitutional Engineering*）（第2版、1997年）には邦訳もあったが（『比較政治学』早大出版、2000年）、まともに読まれた形跡がない。確かに訳文は生硬だったが、惜しまれてならない（現在は絶版）。そこで筆者（加藤）なりの訳文を交え、ここで詳しく紹介したい（括弧内の数字は邦訳当該頁数）。

2　議院内閣制での政党の党議拘束の重要性

　わが国の統治機構は議院内閣制と両院制を骨格としている。選挙制度も、それとの関連で検討されねばならないのだが、わが国では日本の選挙制度の話に米国の例を持ち出す論者が少なくないように、そういう点に無自覚で、困ったものである。基本的なことながら、明確に認識してもらうため区分を表にまとめておく。

	一 院 制	両 院 制
大 統 領 制	韓国など	アメリカなど
議院内閣制	デンマークなど	**日本など**

　大統領制と議院内閣制について、サルトーリは詳細に議論しているが、ここでの関心はわが国の議院内閣制の下での両院制にあるので、それと関連する論点に限って紹介する。

　まず議院内閣制は、それに合った政党の存在なくしては、機能しないことである。彼は、具体的には、「規律」（ディシプリン）つまり党議拘束が強いことが決定的に重要だとしている。

　しかし、党議拘束の重要性は、「大統領制については常に当てはまる訳ではない」という。大統領制では、時に大統領の選挙を支えた政党（与党）が、連邦議会（上院・下院）で過半数をわる状態が発生する場合がある。日本でいう「ねじれ状態」に近いが、米国ではこれを「分割政府」（divided government）という。

　「大統領制では、分割政府の状態にあっても、まさに〔党議拘束が弱いという〕政党の非規律性によって手詰まり状態になるのは避けられる」（106頁）という。直ぐに座礁に乗り上げ、膠着状態となる訳ではないというのだ。

　日本式の用語でいうと、党議拘束が強くはないので、野党議員の切り崩しによって、大統領は窮地を脱せる場合がある、ということを述べているのだ。ただ、いつも回避できるわけでもないことに留意しておく必要があろう。

　しかし、今日ではこの点は、さらに注釈が必要かもしれない。以前の米国連邦議会は、確かに彼の指摘の通りだったが、近年、同議会はしばしば苦境に陥っている。それは、二大政党とも党議拘束が強まる傾向にあって、調整が困難だからである。

　では議院内閣制ではどうか。サルトーリは、「〔党議拘束の強い〕規律ある政党が、議院内閣制が《機能する》ための『必要条件』である」（同）という。内閣を支える与党勢力が、議会で安定した支持基盤となっていないのでは、政局を運営できないのである。

3　首相公選制よりは「半大統領制」

　上記の点は、「首相公選論」について触れておくと、理解が深まるかもしれない。

　わが国では小泉内閣の前後に、首相公選論が高まった。天皇の存在との関連で、首相公選制と呼ばれているが、実際は大統領制に近づけ

る提案である。〈米国では国民が大統領を選べるのに、日本では国会議員だけで決められるのは面白くない〉という国民感情に支えられ、時に高まってくる。首相の選出が、自民党内だけ、とか、党の実力者だけの「密室」で決められるという印象が強くなると、浮上してくる議論である。

　サルトーリはそのような制度につき、「首相の直接選挙」(directly elected premier) という節を設けて、詳しく論じている。結論は否定的である。――「〔不信任がなく〕議会の任期にわたる首相の直接公選制の提案」は、「兵を与えずに将軍を選出し、解任がないのだから戦いに勝つだろう、と考えるようなもの」だというのである（130頁）。

　「兵を与えずに」というのは、議会での支持基盤のない首相が公選される可能性があるので、その場合に「分割政府」の状態に陥ると、硬直状態になることが多いというのだ。首相は議会に過半数を超える基盤がないと政策を遂行できないが、党議拘束が強い議会では、党派を超えた動きが少ないことから、手詰まり状態になり易いのだ。サルトーリはそれを述べているのだが、それは、首相に議会解散権という「棍棒」（スティック）を与えても変わらない、という（同）。

　サルトーリは、そういう制度にするくらいなら、フランス型の「半大統領」にする方が良いとしている。フランスの半大統領制は、妥協的要素を含むものの、最高指導者たる大統領を公選したいという国民の希望と、党議拘束の強い政党政治の議会とを巧く接合する一方法と認識できるものである。

　半大統領制は次のような統治システムであり、フランスで採用されている（次頁図参照）。大統領は公選で決まるが、他に首相が存在する。大統領は自由に首相を指名してよいことになっているが、首相は議会（下院）から信任を受けなければならない。議会の過半数が支持しないと、首相の地位には着けないのである。結果的に大統領は、議会が認めてくれる人物を首相に指名せざるをえない。

　複雑な制度のように見えるが、ここからコアビタシオン（保革共存

フランスの「半大統領制」

政権）のような状況が生まれる。大統領を支える与党が議会で多数派を占めていない場合、妥協して（連立政権のように）、首相を選ぶしかない。社会党のミッテラン大統領の下に、保守のシラク首相が誕生したのはこのためだ。

　サルトーリはこう述べている。米国のような「純粋の大統領制は、〔分割政府などで〕手詰まり状態に陥りやすい構造のものだが、半大統領制は、麻痺状態を回避するメカニズムを備えるよう創られている」（138頁）。大統領の与党と、議会の「多数派が一致する場合には、大統領は首相に対し決定的に優勢となるし」、ねじれ状態では「議会の多数派の支持を得た首相が優勢となる」（139頁）。

　再び首相公選制との対比に戻るとこうである。──「フランスの半大統領制は、その特質からして、いつでも議会多数派の支持を得られる首相の存在を、念頭に入れている（そして、〔議会選挙で〕議会の多数派が変われば、首相を交代させることができる）。それに対して、〔首相公選制での首相のように〕公選された首相は、〔議会選挙で変化

があっても〕交代させられない。また、有権者が首相を支持しようと不支持であろうと、同じ地位にとどまる〔支持がない場合もその状態から抜け出せない〕」（130頁）。

　つまり、公選制による首相は、任期の途中で、議会選挙により支持基盤が広がったり狭くなったりしても、その地位は保てるものの、政策を遂行できるかどうかは分からないということである。自分を支持してくれる与党勢力が、過半数に満たない状態でスタートした公選首相が、途中から議会選挙で多数派の支持が得られるようになり、強力になることもあろうが、反対のケースもあるのである。公選で支持してくれた多数派与党が、途中で過半数割れになり、立ち往生となるのがそれである。

　結局、公選首相が力を発揮できるかどうかは、ひとえに議会での支持基盤によるのである。これは、わが国でいえば都道府県知事と議会の関係を考えてもらえば、理解できない訳ではないであろう。一時、人気のあるタレント的な知事が誕生し続けたことがあるが、都道府県議会に支持基盤ができなければ長続きしなかった。そういう経験があるのに、わが国ではムード的に首相公選制が高まることがある。半大統領制との比較で、この点を説得的に説いているサルトーリの議論は、もっと注目されてよかろう。

4　両院制での権限関係

　上記のような統治機構論にたつと、議会はどうあらねばならないのだろうか。──日本についての示唆を得ることがここでの目的だから、一院制はとりあえず視野に置かなくてよく、焦点は両院制である。サルトーリは、両院制が採用される場合にどういう論拠が挙げられているのか、ごく簡単に触れているので、その部分を見ておく。

　「一院制に対して両院制は、次の論拠から主張されている。つまり

両院制は一種の安全装置であり、一つの院にすべての立法権限を集中させるのは、危険なだけでなく、賢明でない、というのである。慎重さに配慮すると、意志決定過程が抑制装置（ブレーキ）により制御され、補佐される必要があるからである」（202頁）。他に注で、小国は一院制、大国・中国は両院制という、国の規模に関する論拠も紹介しているが、それは彼にあっては必ずしも重視されていない（212頁）。

　つまり、誤った政策が一時的なムードで実現しないようにする、ということであり、また、賢明さを高めるため、二度の手続きを課すということであろう。

　さて、サルトーリの両院制論だが、そこでは両院の権限関係が決定的に重要だとされている。その結論を予め、日本に翻案して簡単に要約するとこうである。——参議院の権限が弱ければ、衆参での与野党勢力関係の逆転たる「ねじれ」を放置してもよいが、参議院の権限が衆議院と対等なら、参議院に「拒否権」が認められているようなことで、安定した政局運営は望めない。それを回避しようとするなら、衆議院と近い与野党の勢力関係を促すような選挙制度でないといけないのである。つまり、統治能力がも保たれず、「決められない」議院内閣制は、膠着状態に陥る可能性がある、ということである。

　基本はこのようなことだが、わが国の慣行ではさらに二点が無視できない。第一は、衆議院の再議決は「三分の二」の特別多数で可能だが、それを濫発するのは、「多数派の横暴」ということで好まれないことから、特別な重要法案以外では行使されないこととなりやすい点である。第二は、参議院が「60日以内に議決しない場合」も否決と見なされるのだが、厳格な会期制により、これが単純な否決よりも強力な効果を発揮することである。「見なし否決」と言われるが、このケースでは、60日以内に国会の会期が切れる場合、法案は廃案とされるので、否決して衆議院の再議決に回すより、強力になる場合が多いことである。

　このことは、実際に「ねじれ国会」での経験を通じ、充分に認識さ

れたはずであり、参議院が《事実上の拒否権》を有し、衆議院とは対等に近い権限を有していることは充分に知られたと思われた。そのことに照らしてサルトーリの主張に接するならば、容易に理解されるだろうと、筆者（加藤）は考えていたが、これまで経験では、こう述べるだけでは理解いただけない場合が多かった。そこで、以下では、サルトーリの言葉を引きながら、少し丁寧に説明していく。

　サルトーリは両院制のタイプを論じる際、①両院の権限関係、②両院の性質・構成の類似性・非類似性、の二つの基準から論じていく。

　まず前者の権限関係だが、「二つの議院の権限が等しいか、等しくない（非対等）か」である。そして「二院の権限の強さが極めて非対等な場合」につき、「不均衡な両院制」と呼び、「ほぼ対等な場合」については「均衡的な両院制」と呼んでいる（201頁）。

　英国では、貴族院は単に審議を遅らせる権限しかなく、庶民院（衆議院）が明確に優越しているが、これは「不均衡」（unequal）な両院制の代表となる。反対の極には、「均衡的」（equal）な両院制が位置する。指標としては「拒否権」（veto）の程度があり、サルトーリはこう述べている。

　「レベルはいかにして上院の拒否権が覆えされうるかによって最もよく測定される。上院の拒否権は、（オーストリアにおけるように）下院の単純過半数によって覆されうる時、最小である。もう一方の極には、（例えばオランダのように）上院の拒否権が覆されず、絶対的な場合、最大となる」（205頁）。

　詳しく述べている箇所を引くとこうある。「拒否権を含む場合」だが、その「拒否権が、(1)絶対的、つまり見直し（recourse）なし、(2)特定領域においてのみ絶対的、(3)下院の特定の多数によって覆る、(4)単純多数で覆る、と分類できる」（202頁）。

　これによると、日本の参議院は三分の二の特別多数だから、(3)であり、(4)よりは強力である、ということになる。簡単な説明は難しいが、(2)は、直ぐ後で言及するドイツのように、州の代表が構成する上院に、

州の利害に大きく関わる領域では権限を強めている、といったことを
考えてもらえればよいであろう。

権限が不均衡な両院制	英国の庶民院・貴族院、ドイツの連邦議会・連邦参議院
権限が均衡的な両院制	日本の衆院・参院、イタリアの代議院・元老院

5 両院の性質・構成

　サルトーリのいう第二の基準は、両議院の性質・構成だが、「両院
の性質・特質や構成で類似しているか、類似していないか」である。
両院の差異・特質については、以下のように説明されている。
　「両院とも公選により選出され、また両院とも〔州政府など〕地域
単位ではなく人口を代表しているならば、性質・特質において類似し
ていることになる」（201頁）。イギリスのように一方の貴族院が非公
選で、他方が公選だと、両院は異質のものとなる。また、ドイツのよ
うに、一方の連邦参議院が州政府の代表が集まる議院で、他方が直接
選挙による議院だと、両院は異なる特質のものとなる、ということだ。

両院が類似（同質）的両院制	イタリア（両院とも直接選挙で、選挙制度が類似）
両院が非類似（非同質）的両院制	イギリス、ドイツ（両院の性質が異質）

　この点は、憲法などで規定されるものだが、次の点は選挙制度に直
結していく。――「また両院で〔矛盾のない〕調和的な選挙制度（例
えば両院とも比例代表制とか、両院とも〔小選挙区制など〕多数代表制
とかの選挙制度）の場合、両院の構成は類似したものとなり易い。逆
に、これらの条件と違う場合は、両院は相違ある両院制（類似しない
両院制）となる」（201頁）。

　選挙制度についてサルトーリは同書で詳しく論じており、その議論は単純ではないが、ここでは上記のような単純な議論で進めても支障がないので、そのようにする（その部分は、邦訳書の他に、同趣旨の論文の邦訳がある。加藤ほか編『政治社会学』一藝社、所収。後者がより理解しやすいので、参照されたい）。

　さて、両院制の在り方を規定する二要因では、どちらが重要か。両院の権限関係が重要なのは説明の必要がないが、第二の要因も劣らず重要だとされる。二院の構成が「類似しない両院制は、各院の多数派が異なり、対立的な多数派を導きやすく、」帰結が大きく異なるので、「類似－相違の程度も、同様に重要である」。

　ここから冒頭の両院制についての《名言》のような主張に至る。——両院制を支持する人は、両院制が、一院制より慎重な決定を下すための抑制手段になる、というものだが、それは「類似－相違の程度」と密接に関係するのである。

　サルトーリの表現はこうである。——「二つの院があまりにも類似して、そっくり同じなら、〔誤りを回避し自由の擁護を〕保障する機能をはたせない。だが、両院が類似しないようになされると、それだけ別の多数派を産み出しやすくなり、今度は統治能力を破壊するもの（governability killers）となる」（202頁）。

　日本の場合に引き寄せて言うなら、両院が「類似」している場合というのは、両院とも与党が過半数を占め、衆議院で可決された法案を参議院がそのまま成立させている場合のことである。また、「類似しない」場合とは、「衆参ねじれ状態」のことで、そこでは簡単に膠着状態に陥り、「決められない国会」になることである。

　注釈を加えるとすれば、わが国の国会では党議拘束が、衆参両院に共通するものとなっていることである。「両院をまたぐ党議拘束」と呼ばれるが、そこでは例えば衆議院の自民党の会派が賛成する場合、参議院の自民党会派も賛成することになっている。だが、どの国でもそうであるわけではなく、日本の国会などに限られる。

さて、ここで、二つの要因をクロスさせてみると表のようになる。

		両院の権限関係	
		権限が均衡的な両院制	権限が非均衡的な両院制
選挙制度	類似の選挙制度で類似性	イタリア	衆院の優越を強化して、現在のような選挙制度の場合
	異質な選挙制度で非類似性	特に見当たらない	衆院の優越を強化し、参院を比例代表制にした場合

　サルトーリの結論は、先に分かりやすい言葉で紹介したが、直接、引用するとこうである。──「両院の権限が不均衡であれば、両院の勢力の構成は類似していなくとも構わないが、逆に両院の権限が均衡的であれば、それだけ両院の勢力の構成では、類似性を求め、確保していかなければならない」(206頁)。

　この結論を日本に引き寄せて説明するとこうなる。──参議院の権限がかなり強力で、衆議院と対等に近い権限を有することを考えると、選挙制度については、議席の構成が衆参で類似するような選挙制度としなければならない。

　冒頭で紹介したような、〈せっかくの両院制なのだから、衆参で別の選挙制度にせよ〉とか、〈衆議院はすべて小選挙区制、参議院は比例代表制とせよ〉といった主張は、サルトーリの説とは遠く隔たったものなのである。ここには、学校で「衆議院の優越」ばかりを教わってきたために、憲法学のバイアスも作用しているかもしれない。しかし、すべては「衆参ねじれ」の経験からご破算にされてよかったはずのものである。サルトーリの議論を吟味し、根本から再検討されてよい。

編者・執筆者・訳者紹介

加藤秀治郎	かとう しゅうじろう	東洋大学名誉教授
水戸克典	みと かつのり	日本大学法学部教授
和田修一	わだ しゅういち	平成国際大学名誉教授
荒邦啓介	あらくに けいすけ	淑徳大学コミュニティ政策学部准教授
雨倉敏廣	あめくら としひろ	元東洋大学法学部非常勤講師

N.W.ポルスビー　　　　　　　　元カリフォルニア大学バークレー校教授
Nelson W. Polsby（1934-2007）

K.R.ポパー　　　　　　　　　　元ロンドン・スクール・オブ・エコノミ
Sir Karl Raimund Popper（1902-1994）　クス教授

議会政治　第4版

2009年10月10日　初　版第1刷発行
2011年10月10日　第2版第1刷発行
2015年9月10日　第3版第1刷発行
2024年4月1日　第4版第1刷発行

編　者　　加藤秀治郎
　　　　　水戸克典
発行者　　村岡俞衛
発行所　有限会社 慈学社出版
　　190-0182　東京都西多摩郡日の出町平井2169の2
　　TEL・FAX 042-597-5387　http://www.jigaku.jp

発売元　株式会社 大学図書
　　101-0062　東京都千代田区神田駿河台3の7
　　TEL 03-3295-6861 FAX 03-3219-5158

印刷・製本　亜細亜印刷株式会社
PRINTED IN JAPAN　©加藤秀治郎・水戸克典、2024
ISBN 978-4-909537-07-2 C3031

慈学社

堀江湛・加藤秀治郎 編
日本の統治システム
堀江湛先生㐂寿記念
四六判　並製カバー　本体価格　3200円

佐藤 満 編
政策過程論
政策科学総論入門
Ａ5判　並製カバー　本体価格　2300円

京都市政治の分析
Ａ5判　上製カバー　本体価格　5800円

真渕 勝 著
行政学案内　第3版
四六判　並製カバー　本体価格　2000円

風格の地方都市
慈学選書　四六判　本体価格　1800円

嶋田 博子 著
政治主導下の官僚の中立性
Ａ5判　上製カバー　本体価格　5800円

森田 朗 著
会議の政治学
会議の政治学Ⅱ Ⅲ
慈学選書　四六判　本体価格 各 1800円

制度設計の行政学
Ａ5判　上製カバー　本体価格　10000円